25
ANOS
autêntica

CB022455

Maíra Marcondes Moreira

Freud e o casamento

O sexual no trabalho de cuidado

autêntica

PSI XXI

COLEÇÃO
Psicanálise
no Século XXI

SÉRIE
Crítica
e clínica

EDITOR DA COLEÇÃO PSICANÁLISE NO SÉCULO XXI
Gilson Iannini

COORDENADOR DA SÉRIE CRÍTICA E CLÍNICA
Christian Dunker

EDITORAS RESPONSÁVEIS
Rejane Dias
Cecília Martins

PROJETO GRÁFICO
Diogo Droschi

CAPA
Alberto Bittencourt

REVISÃO
Lívia Martins

DIAGRAMAÇÃO
Waldênia Alvarenga

Dados Internacionais de Catalogação na Publicação (CIP)
(Câmara Brasileira do Livro, SP, Brasil)

Moreira, Maíra Marcondes
Freud e o casamento : o sexual no trabalho de cuidado / Maíra Marcondes Moreira. -- 1. ed. -- Belo Horizonte : Autêntica, 2023. -- (Psicanálise no século XXI ; 5)

Bibliografia.

ISBN 978-65-5928-332-3

1. Casamento (Psicologia) 2. Freud, Sigmund, 1856 -1939 3. Lacan, Jacques, 1901-1981 4. Psicanálise 5. Psicologia 6. Relacionamentos não-monogâmicos 7. Sexualidade feminina I. Título. II. Série.

23-171273 CDD-155.53

Índices para catálogo sistemático:

1. Psicologia da sexualidade 155.53

Tábata Alves da Silva - Bibliotecária - CRB-8/9253

Belo Horizonte
Rua Carlos Turner, 420
Silveira . 31140-520
Belo Horizonte . MG
Tel.: (55 31) 3465 4500

São Paulo
Av. Paulista, 2.073 . Conjunto Nacional,
Horsa I . Sala 309 . Bela Vista
01311-940 . São Paulo . SP
Tel.: (55 11) 3034 4468

www.grupoautentica.com.br
SAC: atendimentoleitor@grupoautentica.com.br

A coleção Psicanálise no Século XXI

A coleção Psicanálise no Século XXI quer mostrar que a psicanálise pode se renovar a partir de perguntas que a contemporaneidade nos coloca, assim como sustentar a fecundidade da clínica e da teoria psicanalítica para pensar o tempo presente.

A série Crítica e Clínica

Conhecida e atacada pela sua longevidade, a psicanálise tem se mostrado, além de método clínico e uma teoria do tratamento, um dispositivo crítico. No universo anglo-saxônico, esse papel crítico fica evidente pela associação com as teorias antirracialistas, pós-marxistas e feministas, mas também pela sua aproximação com teorias do cinema, da crítica literária e da filosofia. No Brasil, conhecido pela disseminação da psicanálise como prática psicoterapêutica tanto no âmbito privado quanto em sua inserção institucional nas redes assistenciais e na saúde pública, a relação entre crítica da cultura e clínica do sofrimento encontra agora uma sistematização editorial. Este é o objetivo e a proposta da série Crítica e Clínica: mostrar que a crítica social pode se reverter em renovação e aperfeiçoamento de procedimentos clínicos. Isso significa combinar produção conceitual e reflexão psicopatológica com trabalhos de análise de transformações sociais, enfatizando o que podemos chamar de "políticas de sofrimento psíquico".

Formar uma nova política de saúde mental e dar voz e suporte narrativo para posições subalternizadas de gênero, classe e raça em nossa história é também uma forma de modificar, pela raiz, os processos de transmissão e pesquisa que vieram a caracterizar o estilo próprio e a ética da psicanálise. Nosso objetivo consiste em traduzir um montante significativo de produções da psicanálise crítica, combinando-o com a nascente produção brasileira orientada para a renovação da psicanálise. Pretendemos iluminar experiências alternativas e proposições inovadoras que se multiplicaram nos últimos anos, acolher esse movimento intelectual e organizar o debate que essas experiências e proposições suscitam ao operar transversalmente em relação às escolas de psicanálise e suas tradições. Uma nova forma de relação entre a produção universitária e o trabalho desenvolvido nas escolas de formação torna-se, assim, parte da desobstrução dos muros e condomínios que marcaram até aqui a distribuição iniquitativa dos recursos culturais e sociais no Brasil.

Gilson Iannini
Editor da coleção Psicanálise no Século XXI

Christian Dunker
Coordenador da série Crítica e Clínica

Para Lucas Lopes, que cuida bem
de todas as suas coisas.

Tu, Júpiter, por teres dado o espírito, deves receber na morte o espírito e tu, Terra, por teres dado o corpo, deves receber o corpo. Como, porém, foi a Cura quem primeiro o formou, ele deve pertencer à Cura enquanto viver. Como, no entanto, sobre o nome há disputa, ele deve chamar-se Homo, pois foi feito de húmus.

(Higino)

Agradecimentos

Em 2021, recebi a seguinte mensagem numa rede social: "Você é a Maíra, filha da Miriam? Aqui é a sua babá!". Maíra, 33 anos, e sua babá Naná, Isnar Dias, quem, reza a lenda, ensinou-lhe a primeira palavra: "Naná" – um nome de amor e sono.

Quero agradecer nominalmente a todas as meninas e mulheres que eu consigo me lembrar de terem me dispensado algum cuidado, e às quais eu espero ter, ao meu modo, retribuído. Eu sou vocês.

À Naná, Lúcia, Ângela, Almira, Magna, Betinha, Gabi, Grazi, Chel, Nininha, Marcelinha, Vivis, Carol, Aninha, Carina, Lisi, Kika, Isa, Mi, Clara, Ana Júlia, Natália, Faby, Marinão, Path, Fabs, Ana, Mamãe Lulude, Vovó Yedda, Dindinha, Tia Mary, Tia Beré, Tia Nara, Tia Lê, Tia Izamara, Tia Aninha, Tia Marcinha, Tia Leo, Lud, Paola, Laurinha, Luiza, Bê, Mandinha, Rosana, Cristiana, Patrícia, Letícia, Marilda, Jacque, Flora, Elka e Miriam – *a primeira.*

À mulher como é minha mãe, que tem a cura nas mãos de médica e bruxa. Ao meu pai, por cuidar das minhas palavras e ao meu irmão, das minhas defesas.

Ao cartel Mãe, pela riqueza das indicações, leituras e discussões. Aos queridos Vera Iaconelli, Hugo Bento, Marília Moschkovich e Daniel Guedes, que me fizeram inclusive perceber o quão entremeada de pessoas pode ser uma escrita.

Dedico os acertos deste livro a vocês, e assumo feliz, sozinha, as falhas que me competem.

À Jacqueline Moreira, minha orientadora, por ser essa força, presença e delicadeza.

À PUC Minas, toda a sua equipe de professores e profissionais, especialmente Diego Eduardo, pela dedicação com seus alunos. À New School for Social Research e especialmente à Chiara Bottici, pela calorosa acolhida.

Às agências de fomento à pesquisa, Fapemig e Capes, pela criação de possíveis.

Aos professores Camila Jourdan, Andrea Guerra, Cristina Marcos pelas contribuições. Ao Vladimir Safatle, pelo papel ímpar em minha formação intelectual.

À Autêntica, editora de minha cidade natal, e de tantos livros que permeiam minha estante com autores que admiro. Ao Gilson Iannini, pela aposta e curadoria que me colocou a trabalho.

À Vivian Gonçalves, pelo Norte; à Clara Ratton, pela troca em terra firme.

Ao Lucas Lopes, meu marido e colega de trabalho, por ser e me ensinar que a fragilidade e a flexibilidade são a frescura do ser.

Ao Jorel, meu cão, de quem gosto de cuidar.

À memória de meu primo Gabriel. O que mais sinto falta é de seu peso em meu colo.

Apresentação

Vera Iaconelli[1]

Não é de hoje que psicanalistas buscam separar o joio do trigo da psicanálise, revelando a insistente reprodução de interpretações ideológicas e datadas na trama dos textos freudianos e pós-freudianos. Se seguirmos as pegadas de Freud, essa tarefa seguirá sendo realizada, uma vez que foi o inventor da psicanálise que imprimiu, desde seus primeiros textos, a revisão e a crítica como métodos. Freud nunca se furtou a revelar os andaimes de sua obra e a retificar suas posições publicamente dando o exemplo que muitos autores fazem questão de seguir. Fazer jus à obra freudiana passa por lê-la sem promover o culto à sua personalidade.

Maíra Marcondes Moreira faz parte desse rol de teóricos que não se furtam a sustentar o paradoxo de usar a psicanálise contra a psicanálise a favor dela própria. O domínio elegante da metapsicologia lhe permite apresentar passo a passo os pontos nos quais feminino, Mulher e Mãe se reduzem à caricatura misógina que a sociedade lhes impõe reproduzida sob a pena de Freud e seus seguidores. A partir da questão

[1] Psicóloga, psicanalista, mestre e doutora em Psicologia pela Universidade de São Paulo (USP), membro do Departamento de Psicanálise do Instituto Sedes Sapientiae e de Escola do Fórum do Campo Lacaniano SP. É uma das coordenadoras da coleção Parentalidade & Psicanálise, da Autêntica.

do cuidado, tema caríssimo ao feminismo, que denuncia o lugar histórico da mulher na partilha sexual do trabalho, Moreira puxa os fios que embaraçam a escuta clínica até hoje. Ao questionar se o destino da mulher é cuidar do homem como de um filho, a autora não perde a oportunidade de cunhar a expressão homem-bebê, revelando, com fina ironia, que sua apropriação do texto escapa da sacralização do texto freudiano.

A autora nos alerta para os riscos das boas intenções que pretendem pensar o cuidado como um bem dado à humanidade, e não como fruto das relações pulsionais. Saindo do imperativo moral em direção ao dilema ético, ela está atenta, desde seus primeiros escritos, às formas como a ideologia reaparece também no pensamento feminista, quando este se recusa a considerar a economia libidinal. Além disso, denuncia preocupantes teorias feministas que ressurgem colocando num pretenso passado idílico pré-capitalista alguns valores calcados nas competências reprodutivas de mulheres.

Como que a atravessar um campo minado, Maíra prova, mais uma vez, ser uma das autoras mais originais e preparadas de sua geração. Sem medo de colocar tudo em questão e demonstrando profundo conhecimento dos autores escolhidos, ela traz uma lufada de ar fresco na produção psicanalítica, provando, também, que a psicanálise no Brasil pode nos servir de farol em tempos obscurantistas enquanto houver autores a sua altura.

Introdução

Baby steps

Há muitas tentativas de diálogo entre os estudos feministas e as psicanálises freudiana e lacaniana. Diálogos que marcam campos de disputa de saberes sobre a verdade do sexo e do feminino. E que muitas vezes encerram seu argumento por meio da depreciação de seu oponente, tornando o debate infrutífero e evidenciando o que há de imaginário em toda competição.

Neste livro, intento acrescentar um ponto a mais nesta conversa que parece ter sido ignorado tanto pelas teorias feministas quanto pelas teorias psicanalíticas. A saber, *a questão do cuidado nas relações afetivas monogâmicas e cisheterossexuais*, que têm como sua expressão máxima o casamento.

Dentro das abordagens psicanalíticas, a questão do *cuidado* é amplamente discutida na clínica de bebês, pelas chamadas psicologias do Ego. Estas últimas têm maior difusão em solo americano e britânico, através das produções teóricas de Anna Freud, Winnicott e Melanie Klein. Ainda que não haja um consenso entre tais autores, suas teorias privilegiam a clínica do objeto. O que, a partir de uma leitura lacaniana, aponta para a prevalência do imaginário em suas construções: o romance familiar edípico, a constituição egoica, a identificação sexuada e as escolhas objetais amorosas.

O senso comum sobre o cuidado está tão impregnado de preceitos morais e deterministas que talvez não seja por acaso o quão atraente essa temática tenha se tornado para as teóricas alinhadas às psicologias do Ego.[1] Esta designação não é grosseira ou arbitrária, ela denota o caráter egoico no qual se centram suas análises, subestimando aspectos inconscientes para além do romance familiar. Tal abordagem incorre numa perspectiva um tanto determinista do sujeito. Na tentativa de recuperar uma história das origens do sujeito, este é concebido como o sujeito da história de vida: como consequência de uma história libidinal que, ao extremo, depende também do modo como a mãe foi *maternada* e assim por diante.

A leitura sobre o cuidado a partir das psicanálises de Anna Freud, Winnicott e Klein gera uma reflexão que toma o cuidado e sua ética como formativos[2] dos sujeitos e da diferença sexual. Algumas autoras feministas da New Left[3] que importaram as psicologias do Ego em suas construções, chegaram a propor algumas soluções idílicas. Por exemplo, o cuidado compartilhado e realizado tanto pelo pai quanto pela mãe, como tentativa de supressão da divisão sexual do trabalho dentro de casa, seria suficiente e eficaz para reconfigurar as relações entre os sexos em vivências menos desiguais e inclusive desgenerificadas.

---

[1] Ao importar as Psicologias do Ego para o debate sobre cuidado, qualquer envolvimento com a psicanálise lacaniana foi varrido das possibilidades. Lacan foi excomungado da International Psychoanalytical Association (IPA, Associação de Psicanálise Internacional), instituição que julgava uma Igreja, dados os contornos imaginários que impunham ao *setting* analítico como um analista deveria se portar, a duração que a sessão deveria ter e uma série de outras regras às quais se opunha (Lacan [1964] 2008).

[2] Scott ([1995] 2017).

[3] Dentre as autoras que se interessam pela temática do cuidado vinculando as teorias feminista e psicanalítica dos pós-freudianos, pode-se citar Emilce Dio Bleichmar e Juliet Mitchell.

Contudo, o cuidado não foi tema exclusivo de intersecção entre os campos da psicanálise e do feminismo. Afinal, existem dois tipos de inserção da psicanálise nas teorias feministas.[4] A mais recente tem como expoente a filósofa Judith Butler. Seu uso das psicanálises freudiana, laplanchiana, kleiniana e lacaniana se refere aos modos como os corpos são subjetivados pela diferença sexual, a forma como incorporam normas e até que ponto a diferença sexual é imprescindível para os modelos de reconhecimento atuais.

Poderia o cuidado ser tomado a partir do debate recente, encabeçado por Butler e psicanalistas de orientação lacaniana, sobre a querela da diferença sexual? O que se anseia aqui é dar continuidade a tais pesquisas mencionadas, trazendo um novo recorte e um novo instrumento de análise, investigando a questão do cuidado dentro das parcerias cisheteromonogâmicas a partir da psicanálise freudolacaniana. Há uma aposta de que esta, a psicanálise de orientação lacaniana, é capaz de depurar a pregnância imaginária das construções apoiadas na psicologia do Ego. Ainda que para tanto seja preciso mexer em outra figura que se encontra desde sempre presumida na psicanálise: o casal.

Considerando toda a gama de possibilidades de relacionalidade, parcerias amorosas e sexuais, por que insistir, dentre todas as figuras, na do casal monogâmico cisheterossexual? Há, de fato, uma escolha teórica que remonta a uma normatividade presente na teoria psicanalítica, já que Freud e Lacan se ocuparam quase exclusivamente de um só modo de se fazer parceria: o casamento cisheterossexual monogâmico. Portanto, este não é um estudo comparativo, tampouco visa esgotar todo o debate sobre a questão do cuidado e sua relação com a psicanálise. Procura-se abrir novas searas de conhecimento, logo, não há a intenção de

---

[4] Scott ([1995] 2017).

transpor ou generalizar as teses aqui levantadas para diferentes configurações e experiências amorosas.

A proposta é iniciar uma conversa se utilizando da psicanálise e em relação com os desenvolvimentos dos feminismos de inspiração marxista e classista sobre o trabalho de cuidado. Espera-se que, com este passo inicial, mais seja discutido posteriormente. Ademais, alguns estudos da antropologia feminista irão endossar as construções aqui elaboradas, mas tão somente de modo a desestabilizar algumas categorias por vezes naturalizantes da experiência humana. Afinal, o grande mérito das contribuições antropológicas reside em heterogeneizar o universal frente ao particular. O próprio Freud era um entusiasta da antropologia – apesar de realizar nela uma torção, buscando algo além do universal e do particular.

Seguindo uma pista de Freud[5] em suas conferências introdutórias sobre a psicanálise, no texto "Feminilidade", o psicanalista vai do particular ao universal quando afirma que: "O casamento mesmo não está assegurado enquanto a mulher não conseguir fazer do seu marido também seu filho e agir [*agieren*] como mãe em relação a ele".[6] Pois bem, numa primeira leitura, surge de imediato a seguinte questão: estaria ele sugerindo que a esposa deveria *cuidar* de seu parceiro de modo a garantir uma união segura e estável?

Essa já é uma conferência bastante problemática, ao menos segundo as leituras feministas mais combativas da teoria. Em meu livro *O feminismo é feminino? A inexistência da Mulher e a subversão da identidade*, apontei que a feminilidade é tanto um problema para Freud e para a psicanálise que são oferecidas três saídas à feminilidade, e não ao complexo de Édipo. Fica claro que, em contraposição à frigidez

---

[5] Freud ([1933] 2018, p. 340).

[6] Freud ([1933] 2018, p. 340).

e ao complexo de masculinidade – as duas outras saídas, pelas vias da inibição e da perversidade, respectivamente –, a feminilidade normal é a que corresponde à maternidade: *com ou sem bebês.*

Essa confusão entre a mulher e a mãe – como *quem cuida* – resulta em questões conflitantes dentro da própria teoria. A mãe é o primeiro objeto de amor de um bebê, com o qual ele se vê confundido, e é também aquela que, no atravessamento do complexo de Édipo realizado por um neurótico,[7] ele é forçado a abandonar.

Ainda assim, o Eu[8] não abandona de bom grado um antigo investimento objetal.[9] Afinal, o próprio Eu é a soma da incorporação desses objetos em que ele investiu libidinalmente e que, de algum modo, perdeu. Decorre que as operações efetuadas pelo bebê em relação à mãe dizem respeito a uma identificação (eu sou o seio/eu sou minha mãe), a uma escolha objetal (eu desejo minha mãe, eu desejo a experiência que supus realizar através da minha mãe, eu desejo que seja como minha mãe) e a uma incorporação (eu não tenho a minha mãe, mas tenho algo de minha mãe em mim).

Estas e outras questões serão mais bem abordadas ao longo do texto, mas revelam, em um primeiro momento, as problemáticas introduzidas a partir dessa justaposição da mulher e da mãe. Mesmo que haja toda uma gramática de desejo viabilizada por essa relação, a mãe está interditada pela proibição do incesto. Portanto, caso o objeto amoroso

---

[7] A neurose é uma estrutura clínica que corresponde aos sujeitos que lograram atravessar o complexo de Édipo de modo a constituir um Supereu, internalizando a Lei paterna que interdita o incesto e os separa do corpo da mãe.

[8] Instância imaginária que dá consistência corporal ao sujeito enquanto sexuado e dotado de Eu, Supereu e Isso.

[9] Freud ([1917] 2017).

aparente muito próximo à figura da mãe, há algo que compromete o ato sexual e a qualidade deste.

Freud[10] elege a relação entre o menino – e, mais tarde, o homem – e sua mãe como a única relação humana que não é marcada pela ambivalência: esta seria a única experiência amorosa que não carregaria nenhum traço de hostilidade em relação ao diferente. Ao mesmo tempo, localiza que, para a mãe, a chegada de um filho do sexo masculino é a que pode melhor tamponar a sua falta e os sentimentos de angústia decorrentes das consequências psíquicas da diferença anatômica para a mulher.

As mulheres, por não serem dotadas do pênis,[11] experimentariam no nascimento de um filho do sexo masculino sentimentos de completude, em que o bebê assumiria o lugar de um falo-bebê. É curioso que Freud se empenhe na construção de uma relação amorosa perfeita, marcada pela totalidade e ausência de quaisquer sentimentos desagradáveis ao Eu. Essa parceria mãe-menino só se interromperia pela intrusão de um terceiro que reclame a mulher (a mãe?) para si: o pai.

Há uma rivalidade entre o bebê de sexo masculino e o pai que é posta como recíproca: "com muita frequência, apenas o filho recebe aquilo a que o homem almejava".[12] O que se pode dizer dos regimes de competição é que eles são necessariamente imaginários. Por vezes, há apenas um competidor e um outro que não se dá conta dessa investida.

---

[10] "[...] no apego ao filho o único amor sem ambivalência, [...] que, para a menina, o veredicto era mais sombrio, talvez até inapelável" (SOLER, 2005, p. 99).

[11] Lacan irá declinar a questão anatômica para os efeitos imaginários desta. O falo não é exatamente o pênis, mas tem relação com ele. É tanto os efeitos imaginários e constitutivos em relação à diferença sexual quanto a função simbólica ordenadora de introjeção da Lei e da falta, que fazem do sujeito, desejante.

[12] Freud ([1933] 2018, p. 340).

Existe, na verdade, um movimento de consistir o outro enquanto um rival por ele se aproximar de algum ideal almejado pelo sujeito – resta saber, nessas considerações, se é o bebê ou o pai quem encarna esse ideal.

Ademais, é no mínimo cômico que Freud faça esses movimentos em relação ao pai, mas pouco importa fornecer uma análise silvestre[13] sobre o psicanalista. Posição, inclusive, nada original e de esforço puramente desqualificativo. Não interessa fazer uma leitura moralizante da teoria psicanalítica ou de seu autor, mas refletir sobre os desejos inconscientes e recalcados[14] relacionados ao cuidado.

A psicanálise é frutífera para os debates sobre o cuidado porque as teorias feministas, visando escapar da visão moralizante que toma o cuidado como um ato de amor, o reduziram ao aspecto econômico do trabalho. A psicanálise, por outra via, insere outra perspectiva em que também se faz presente o aspecto econômico, porém sexual! Há uma economia libidinal no cuidado que corresponde a algo do Erotismo. Não se trata, portanto, de generificar o trabalho, como se este fosse relativo aos papéis sociais, mas de trazer o sexual, e não a diferença, para dentro da questão.

A teoria psicanalítica não está ancorada nas condições materiais para pensar determinadas questões; ela investiga outro tipo de realidade: a psíquica! Por um lado, há uma crítica a ser feita à psicanálise por ela desconsiderar questões objetivas na subjetividade de um sujeito e nas suas possibilidades de agência. Por outro, há um ponto produtivo que ela levanta, ao descrever as formas que um sujeito se submete a alguns tipos de situações e repetições, que dizem de um

---

[13] Refiro-me aqui a uma análise que vise psicologizar Freud e a atribuir a ele intenções ou padecimentos de forma apressada.

[14] Impedidos por um mecanismo interno ao inconsciente a chegarem à consciência. Conteúdos que nunca foram conscientes.

prazer e de um desprazer que este experimenta contingencialmente, fazendo-o fora da discussão moral sobre se o sujeito deveria ou não extrair algum prazer daquilo, como se houvesse um Bem supremo a obedecer.

Considero que é a ambiguidade inerente à teoria psicanalítica, uma vez que ela está desde sempre presente nas formulações de Freud e nos conteúdos inconscientes e cisões que o sujeito experimenta, o que faz de sua clínica um laboratório em permanente movimento.

Ler Freud nos convida a nos depararmos com um cientista humilde, que se permite atestar contra si próprio e suas formulações para fazer avançar seu trabalho analítico e sua escuta. Em sua vasta obra, ele coloca diferentes perguntas e esforços de resposta nada categóricos, porém, mantendo-se fiel ao inconsciente e disposto a perscrutá-lo em suas contradições.

Tomar esse detalhe nos textos dedicados à feminilidade como ponto de partida não implica uma leitura de viés desqualificativo. Mas uma insistência em buscar essa ambiguidade até mesmo nas passagens em que supomos ler um Freud totalmente conservador ou totalmente subversivo. *É preciso ler primeiro*, ler de novo, colocar em questão se há mais a ser interpretado, *e não entender muito depressa.*

Trazer esse recorte sobre o casamento nos força ao encontro com um Freud um bocado mais conservador e conciliado com as demandas de seu tempo; e, por isso mesmo, um tanto mais incômodo. Estamos na contramão dos presentes estudos que louvam leituras anacrônicas a fim de defender que Freud era um feminista *avant-garde*, ou que Lacan faz uma subversão *post mortem* das teorias de gênero que o sucederam.[15]

---

[15] Refiro-me ao livro *Subversion lacanienne des théories du genre* (LEGUIL; FAJNWAKS, 2015) não para desmerecer os excelentes artigos apresentados, mas para dizer da comicidade do título e da empreitada.

Portanto, não se trata nem de "cancelar" Freud, nem de salvá-lo. O próprio psicanalista se colocava diante de impasses teóricos, e nos furtarmos de produzir impasses é um modo de obstaculizar a crítica, tornar a psicanálise estagnada e palatável, produto das exigências morais de seu tempo, em vez de à altura das transformações sintomáticas epocais. Intenciono, portanto, produzir uma autocrítica no interior da psicanálise, a partir das condições e contradições fornecidas por esta, e, somando-se a isso, contrapô-la às críticas que se pretendem exteriores[16] à teoria psicanalítica.

Essa ambiguidade que a psicanálise apresenta divide posições dentro do feminismo. No entanto, é instigante como a tradição marxista e classista do feminismo optou por leituras diversas da clínica psicanalítica à proposta lacaniana. Talvez caiba aqui recuperar essa possível interlocução, tendo em vista os esforços contemporâneos da clínica lacaniana, na sua tentativa de estar à altura de seu tempo, de travar um diálogo com autores queer contemporâneos, como Judith Butler e Paul B. Preciado, para questionar precisamente a diferença sexual e sua primazia em certas compreensões e direções de tratamento com corporeidades trans, não binárias ou fora dessa lógica. *O mesmo não poderia ser efetuado em relação ao cuidado?*

Propõe-se traçar uma articulação entre, de um lado, o cuidado como trabalho, a divisão sexual, a reprodução social e o patriarcado formulados pela teoria feminista e, de outro, os masoquismos feminino e moral e a devastação; e expor como estes se encontram presentes nas relações amorosas cisheterossexuais monogâmicas, a partir das indicações freudianas sobre

[16] Valho-me da noção de extimidade para pensar a política em que *o dentro é o fora*. Portanto, não há exterioridade que não seja constitutiva, ela é desde sempre presente e em relação interna com o que se supõe como dentro.

como um elemento materno deveria fazer parte da vida do casal. Será, então, questionado se haveria uma continuação entre o bebê e o homem para se pensar a constituição subjetiva da dinâmica erótica do casal *bem-sucedido*.

É mister construir esse debate crítico, uma vez que há desdobramentos produtivos impulsionados por esses campos quando confrontados um pelo outro. Privilegia-se então a forma ensaio, constelar, para além da infinitização das discussões sobre epistemes e metodologias, em defesa da primazia do objeto de estudo. Intenta-se, a partir daí, extrair as máximas consequências sobre o que seria a questão do cuidado na parceria amorosa monogâmica cisheterossexual, abarcando todos os elementos disponíveis, transpondo supostas barreiras disciplinares e quebrando as dicotomias presentes no empirismo *versus* produção teórica.

Importa ao corpo feminino que aqui escreve como as formas de corporeidades nomeadas e entendidas como femininas se subjetivam e assumem determinadas posições dentro da sociedade. Compreende-se que há um projeto de sociedade moderno – datado por volta dos séculos XVIII e XIX, tal como bem pontuam autoras psicanalistas brasileiras,[17] e também nomes relevantes na tradição do feminismo marxista[18] –, de uma incitação recente e bem lograda de hiperfeminilidade, que opera não só de modo a constranger os corpos que performam *forçosamente* a feminilidade, mas também serve aos ideais capitalistas para fins de docilização e superexploração dos corpos femininos.

O corpo feminino seria o corpo do sujeito que, de algum modo não voluntarioso, inadvertido, ao mesmo tempo alienado e desejoso, *assente inconscientemente* com essa posição da feminilidade e performa, concomitantemente

[17] Iaconelli (2012) e Kehl ([1998] 2007).

[18] Federici (2017).

desconstruindo, os semblantes da cultura atrelados ao ideal moderno do que seria o feminino.

É evidente que tais formulações serão mais bem desembaraçadas ao longo do texto. No entanto, é preciso situar que, para tecer uma crítica à justaposição entre mulher e mãe, é necessário extrapolar o entendimento de que a maternidade pressupõe um corpo dotado de vagina ou que é consequência determinada desta. Quebrar essa suposta causalidade, em nome de explicitar como é forjada essa correlação, interessa para a superação dos processos ideológicos de naturalização e produções identitárias que colam as categorias mulher e mãe como se fossem indissociáveis uma da outra.

É crucial que o feminismo também se debruce sobre a emergência e insistência de um "feminismo materno",[19] justamente pela confusão dessas categorias e pela tentativa de consisti-las através do viés identitário. Leia-se, excludente e a serviço do capitalismo. Não se trata aqui da busca de uma história das origens ou de mitos que remontem à força da natureza, à idealização de uma maternidade anterior, ancestral, não cooptada pela racionalidade moderna. A tentativa de restaurar antigos mitos encerra algo de reacionário, da pretensa recuperação do *de novo*, de algo que hipoteticamente se experimentou e se vivenciou antigamente, quando tudo era melhor, e os homens eram homens e as mulheres eram mulheres *naturais*.

Afinal, o suposto fazer filosófico ancorado numa antropologia humanista, visa nada menos que certificar, justificar e consolidar a figura atual do homem,[20] e nesse caso, de um

---

[19] Moschkovich (2021).

[20] O humanismo seria "um projeto dependente de uma antropologia nunca claramente tematizada, profundamente normativa e que, no limite, nos restringiria à conservação do que poderíamos chamar de 'figura atual do homem', ou seja, figura que transforma

de seus muitos Outros[21] constitutivos, a Mulher. A busca por uma história das origens, bem como o impulso de traçar quais seriam as características ou eventos determinantes para que o homem, como animal, superasse essa primeira condição, revelam-se em tudo aquilo que entendemos por ontologia.

Ainda que em muitas vertentes das teorias críticas contemporâneas exista um esforço de dizer de uma ontologia do vazio, do negativo, do inexistente ou do indeterminado, trata-se de uma alusão tautológica que visa estabelecer o sujeito, ou melhor, a abstração formulada sobre tal figura, no domínio de alguma normatividade capaz de delinear minimamente o que é o ser.

Em vez de indagar "quais as condições mínimas para a emergência do ser?", talvez seja melhor deslocar a pergunta para "por que há exigências a serem formuladas para a emergência do sujeito?". Se, por um lado, não há sujeito fora da cultura, em situação supostamente primitiva e natural, por que essa intenção que se diz histórica/científica, quando na verdade o que há é um exercício de abstração e especulativo de racionalidade de acordo com os moldes dispostos atualmente?

Não se trata aqui de tomar o cuidado, ou o modo em que este deveria se dar, como fundamento para o laço social, e menos ainda como horizonte a ser perseguido. É imprescindível extrapolar a noção do cuidado presente nas relações com as crianças e bebês, que dependem totalmente do amparo da comunidade para sua existência, entendendo que ele faz parte do laço social, assim como infinitas outras atividades humanas. Ainda que o cuidado tenha seu lugar na

---

o indivíduo em modelo insuperável de maturação subjetiva" (SAFATLE, 2012, p. 4).

21 O termo aqui se encontra em letra maiúscula para diferenciar o que é o "outro" para o senso comum e o "Outro" para a psicanálise.

constituição de sujeitos humanos, não significa que devemos fazer dele um marco evolutivo.

As utopias eugenistas de um falseamento científico centrado na ideia de evolução se baseiam na competição como premissa necessária e determinante dos moldes de vida atuais. Todo o progresso seria resultado da seleção da melhor forma de existência, em disputa, embate, competição e concorrência com as outras, menos adaptadas, mais parcas em recursos biológicos.

Dentro da moral burguesa, o cuidado surge como elemento relativo a tudo aquilo que é privado, fora do olhar e da vida pública, relativo aos genitores e, mais estritamente, à mãe e a outras mulheres que se dispõem, de forma compulsória, afetiva ou remunerada, a prestar tal serviço. Ainda que o cuidado se encontre fora da lógica concorrente, há mais chances de que o acesso ao cuidado seja mais bem distribuído para aqueles que promulgam disputas e que se servem delas – às vezes sem sequer participar delas.

Tal acepção sobre a prevalência da competição como premissa evolutiva justifica não só os processos de dominação, mas naturaliza a economia política do capitalismo como mera produção e reprodução (sexual?), ou resultado da natureza humana. As ideias hobbesianas de que o homem é um ser naturalmente agressivo[22] não diferem muito da apreensão popular de evolução – o que, por si só, produz um tipo de racionalidade capitalista.

Há leituras em que são o cuidado, o trabalho de colaboração e a interdependência que asseguram a reprodução da espécie e se interpõem ao capitalismo, *quando não cooptadas por este*. Aliás, é indispensável questionar se hoje, através da terceirização do trabalho de cuidado, dominada pelos *apps*, para além de todas as outras questões que perpassam

[22] Lessa; Tonet (2011).

um trabalho que têm gênero, raça, nacionalidade e classe social, o cuidado ministrado ainda é o mesmo. O cuidado nomeado como "amor" é restrito à casa, aos "seus", ao passo que o cuidado que alcança o *status* de trabalho se torna cada vez mais impessoal, precarizado e a um clique de distância.

Como o cuidado caminharia de forma contrária às pretensões do capitalismo? Este investe na figura do amor materno e da hiperfeminilidade como modo a garantir o controle de natalidade, ou seja, o controle das forças produtivas e reprodutivas para a manutenção do capitalismo. Ao mesmo tempo, visa a privatização do cuidado como maneira de mitigar as experiências comunais, isolando os corpos em indivíduos alienados dos processos de interdependência que possuem não só com outros corpos, mas com o próprio Estado.[23]

Federici relata, no livro *Calibã e a bruxa*, que é preciso questionar as histórias reiteradamente contadas no interior do capitalismo que tendem a localizar o surgimento da modernidade como um desenvolvimento coerente com processos de superação da Idade Média. Esta é relegada a segundo plano e à estética das trevas, um elemento de cunho moral para se referir a toda uma época. Tudo passa como se toda a produção filosófica, histórica, científica e artística, entre outras, da época, fosse reduzida às sombras, uma vez que teriam sido as luzes do racionalismo francês que iluminaram o pensamento, o sujeito moderno e o Estado.

O próprio Marx teria se equivocado ao presumir que haveria alguma revolução de fato na Revolução Francesa, ou que a própria ideia de acumulação primitiva levaria às formas posteriormente constituídas na sociedade moderna. Se, por um lado, Marx[24] afirma em seu manifesto que não se

---

[23] Curso (2018).

[24] Marx, Engels. (1890). *Manifesto do partido comunista*. 1. ed. São Paulo: Expressão Popular, 2008.

trata de um retorno às experiências comunais do feudalismo, Federici, por sua vez, descreve diversas situações e zonas espaciais onde há algo do *Comum*[25] circulando.

Esse suposto progresso das técnicas e do trabalho levou a uma maior desvalorização das mulheres nas comunidades em geral. As mulheres passaram a ocupar o lugar de bode expiatório e de válvula de escape para a violência dos homens de sua própria classe, que sofriam junto a elas a dominação ostensiva proveniente da industrialização e da queda vertiginosa do feudalismo e da economia agrária.

A história não é matéria isolada e independente da ideologia dominante; ela é contada a partir de interesses conscientes de classe que decidem também qual matéria é digna de registro, estudo e transmissão, quando não de *revisão* – tal como se observa hoje em relação ao holocausto e à equiparação das figuras de Hitler e Stalin, a fim de evocar o anticomunismo brasileiro revisitando o nazismo como expressão da esquerda.

Contudo, ainda que esse resgate remonte a uma predileção por reportar à história do feudalismo e da Idade Média em termos tão depreciativos quanto os resguardados às mulheres, é preciso questionar se o que se busca é de fato o retorno de algo que, devido à acumulação técnica e de saber da atualidade, significaria cair em um socialismo utópico ou reacionário, de parcos recursos e, portanto, sem resultado efetivo.

Ainda na obra de Federici, o trabalho de cuidado aparece circundando o trabalho doméstico e dos enfermos. Os lugares que as mulheres ocupavam nas comunidades se

[25] O Comum é um termo em disputa sobre diferentes formas de se conceber o espaço e os bens fora da lógica proprietária que os divide entre públicos ou privados. Alguns autores pensam o Comum temporalmente, localizando-o em comunidades pré-capitalistas, anteriores à Revolução Francesa. Para o presente livro, interessa pensar o Comum no agora, fora de todo primitivismo e valoração romântica de períodos menos atravessados pela técnica.

referiam a seus conhecimentos das propriedades medicinais de plantas, aos partos que conduziam, à gestão de alimentos para todo o grupo, num misticismo monista que aproximava a figura feminina dos elementos da natureza e que tem caráter histórico no mínimo duvidoso.

Para a feminista italiana, a noção do que é a mulher precisa ser historicizada sem desmanchar o corpo biológico e seu lugar particular nos processos de reprodução social, que conferem maior afinidade das mulheres com a questão ecológica. A bruxa[26] seria tanto a expressão máxima da afinidade do corpo feminino com os elementos alquímicos da natureza quanto a figura feminina insubmissa ao modelo patriarcal, que emergiu na transição do feudalismo para o capitalismo.

Este não é um trabalho que se empenhe na recuperação ou criação de arquétipos femininos para a emancipação das mulheres, pois entende que os ideais, ainda que sejam disruptivos, baseados na diferença sexual, tendem, por força, essencializar posições, pesar sob os corpos e romantizar um passado inacessível: não há retorno, e, sim, retrocesso.

A discussão sobre o cuidado como fundamento social e como alternativa e superação do individualismo moderno não interessa aqui. Tampouco importa traçar novas gêneses ou horizontes de reconciliação entre o feminino e o cuidado, ou com o cuidado em si – muito menos com o capitalismo e com o Estado. Afinal, isso remonta a uma história das origens que pode servir de justificativa para processos que, no interior do capitalismo, só podem se dar na forma de dominação, ou de um suposto passado mítico em que o mundo era decididamente melhor.

Seguindo por outra via, vale ressaltar um desinteresse por um feminismo de deusas e arquétipos,[27] privilegiando

[26] Federici (2017).

[27] Haraway; Kunzru; Tadeu (2009).

o entendimento de gênero como performativo, do sujeito a partir do inconsciente pulsional, e do corpo atravessado pela técnica que borra as fronteiras nacionais, naturais, racionais e animais do humano.

É imprescindível transpor a dicotomia enraizada de que o *corpo* feminino está para a natureza, assim como o masculino, descorporificado, está para a cultura,[28] e a ideia de que as mulheres seriam as grandes defensoras dos Comuns por dependerem deles na condição de sujeitos primários da reprodução.[29]

A questão é trazer como tais atividades foram definidas e nomeadas como as de cuidado e como se estreitaram os laços que hoje amarram o cuidado ao feminino como se fossem um só. Para além da essencialização do corpo feminino, de uma *alma mater*, do doméstico e de uma intimidade maior com a natureza, ou seja, fora do escopo da racionalidade moderna, é preciso buscar o que no cuidado se encontra presumido do feminino.

Desejar é também dizer com todas as letras

É decisivo apontar a direção pela qual esse projeto caminha: a de desvincular o cuidado de toda ideia de natureza humana e de conservação da espécie, tal qual reclamam muitas das abordagens sobre o tema.

Dentre os engodos que as discussões sobre interdependência podem levar, o mais óbvio e passível de crítica é crer em uma natureza humana que depende tanto dos laços horizontais quanto da forma social mais vertical possível: o Estado. Ainda que muitas autoras feministas sejam críticas aos processos que tornam as mulheres dependentes

[28] Ortner (1979).

[29] Federici (2019).

da aparelhagem estatal, o cuidado continua sendo pensado como inerentemente feminino; portanto, seu projeto de coletivização envolve funções e posições distintas: uma comunalização liderada por mulheres.

Apesar de Federici discorrer sobre como a categoria mulher foi estabilizada historicamente para fins de exploração, ela também defende que ser mulher é ter um papel diferenciado na reprodução. Coincidindo com a mulher a capacidade de gestar.

É preciso tomar essa limitação no argumento de que mulheres são as pessoas com vagina e útero como ponto de partida para criticar todo um conservadorismo dentro do feminismo que convoca a Mãe diante da impossibilidade de dizer o que é uma Mulher, e então desmontá-lo.

Se ao pensar a feminilidade normal Freud equivale a Mulher à Mãe,[30] não é razão para que o feminismo faça o mesmo, e nem é essa a posição assumida neste ensaio. É claro que o psicanalista não se atém a tal posicionamento ao longo de sua obra – e é possível ler um Freud subversivo até mesmo onde o julgamos provinciano –, assim como é óbvio dizer que são muitos e distintos os feminismos. Contudo, partindo de um detalhe nos textos freudianos que denota essa confusão, e das teorias feministas preocupadas com a temática do cuidado, é evidente que estes podem incorrer numa visão conservadora, genitalista e capacitista do corpo feminino. É imprescindível demonstrar os processos que firmaram essa falsa causalidade para explicitar que entre a Mulher e a Mãe há correlação contingencial: não é nem necessária, nem consequente.

Os estudos sobre o patriarcado, divisão sexual do trabalho e reprodução social explicitam a consolidação de tal manobra, a de se remeter à diferença sexual. Defendo que é

---

[30] Quando utilizados em letra maiúscula, refiro-me aqui à Mãe e à Mulher como Ideia e Existência.

imperativo investigar o que há de imaginário nessas construções e nos modos como as mulheres, ainda hoje, assumem tal posição, ao mesmo tempo que homens encarnam o lugar de homem-bebê.

Aposto que há algo do sexual, e não da diferença, ou da vulnerabilidade, que vale a ponto de impulsionar os corpos a se movimentarem para além das imposições morais que os recobrem. Isso porque o sofrimento psíquico muitas vezes se relaciona justamente com os modos que esses corpos são subjetivados a partir da diferença sexual e das gramáticas morais generificadas que buscam garantir algum assentimento subjetivo dos sujeitos com aquilo de que eles se queixam.

Não há motivo algum para tomar a vulnerabilidade inerente dos corpos como apelo às práticas solidárias, ou tentar extrair daquilo que é perenidade – ou até mesmo sofrimento – alguma força motriz para estabelecer laços e/ou movimentar os corpos no sentido da revolta. O sofrimento psíquico leva os sujeitos à inibição, sintoma e angústia; e, se partilhar de um mal-estar comum pode gerar identificação e processos grupais, vale lembrar que estes podem se dar de forma ressentida e que não garantem nenhuma ação política.

Argumento que é a despossessão sexual, na qualidade de inútil e de limite lógico que esta impõe às nossas capacidades de simbolização e imaginarização, que conta como alternativa de fato emancipadora em relação ao trabalho de cuidado. Se tomarmos a diferença sexual como *arkhé*,[31] como princípio capaz de comandar qualquer utopia feminista, não há horizonte possível para além dela.

Mesmo que os campos normativos da psicanálise não sejam tão normativos assim – haja vista que o conceito de identificação permite a incorporação de traços múltiplos e fragmentados, e a própria parcialidade das pulsões aponta

[31] Matos (2022).

para isso –, não se trata de imaginar Comuns por essa via. É justamente aquilo que no sexual não pode ser *predicado* que interessa, e não as infinitas nomeações que podem advir dentro desse campo.

Estressando este ponto: por mais que as temáticas sobre interdependência e interseccionalidade coadunem entre si e com a filosofia radical anarquista, estas caminham para a criação de um Universal Plural, próprio à lógica masculina e sua seriação por atributos. No meu livro *Fins do sexo: como fazer política sem identidade*,[32] cunhei o termo "Política do Masculino" para dizer da política identitária que parte da diferença sexual como forma-mercadoria;[33] ou seja, a diferença sexual é produzida como identidade para fins (re)produtivos a serem explorados, administrados, postos em circulação e consumidos.

Se há aqui um caráter utópico, este não se dá numa reformulação da teoria psicanalítica, mas no entendimento de que para alçar um horizonte emancipatório é preciso não só a superação do capitalismo e do Estado, mas também da diferença sexual enquanto forma-mercadoria, enquanto identidade que faz circular os corpos de modos determinados e a serviço de uma superestrutura maior.

Nossos moldes de reconhecimento baseados na diferença sexual atestam que esta é forte o suficiente para ter a aparência de ser fundante e necessária aos processos constitutivos do sujeito enquanto corpo sexuado inscrito no corpo social. O fato de ela ser forte o suficiente para assim se reproduzir não implica relação de necessidade.

Anseia-se evidenciar como o próprio desejo, este que só encontra inadequação e parcialidade em seus objetos, aparenta sofrer os imperativos da norma de gênero sobre

---

[32] Moreira (2022).

[33] Barros (2022a).

ele – até mesmo dentro da própria teoria psicanalítica. A título de exemplo, os modos como noções do tipo "função materna" e "desejo materno" – que se apresentam de modo a afirmar que um sujeito qualquer poderia exercer tal função, e que o desejo materno seria aquele fora do anonimato, de um outro que se nomeie como pessoa à qual a criança estará referida –, continuam a forjar algum tipo de continuidade entre o genitor, o cuidador, e aquele que deseja a criança, com a mãe. E, em se tratando da reprodução dita biológica, a mãe é também a pessoa com útero e vagina.

Se permitida uma digressão, o livro de Hugo Bento,[34] *O desejo de filho na adoção homoparental: uma perspectiva psicanalítica*, visa desmistificar tal questão de um desejo propriamente materno e/ou feminino para se debruçar sobre adoções homoparentais. Não se trata do desejo da mãe, mas do *desejo de filho*. É mister esse processo de desgenerificação do desejo posto que para o próprio Lacan, no seminário *RSI*,[35] não haveria para um homem a plausibilidade de tomar uma criança como objeto de desejo fetichizado, assim como ela o é para a mãe. Nessa via, se um homem consente em se ocupar de um bebê ou de uma criança, ele o faz por concessão a uma mulher. Ou seja, só é de fato pai na medida em que faz de uma mulher a causa de seu desejo, a ponto de topar lidar minimamente com o(s) objeto(s) de desejo dela.

Desejar é também dizer com todas as letras no sentido de que, ainda que inconsciente, e portanto não passível de plena tradução, dizer e desejar não precisam coincidir sempre com a demanda – algo que há muito a experiência analítica dá testemunho. Há algo no desejo que liga o sujeito ao Outro, local onde irá buscar seus objetos fugazes. Outro este que também é castrado e que não existe, ainda que assuma

---

[34] Bento (2017).

[35] Valas (2014): transcrição do seminário *RSI*.

diferentes formas como a do Estado, da Mãe, das parcerias, e de muitos Outros possíveis. Contudo, não se trata de reduzir aquilo que no desejo pode ser lido e interpretado com força generativa à demanda querelante e ressentida.

É justamente o que há de indizível na Mulher, na ausência de significante capaz de determinar de todo o sujeito, que abre espaço para a invenção. Onde não há nada, inventa-se, e onde há palavra a ser lida: cria-se. O sentido atribuído às coisas não é único, nem universal, nem estático e nem imediato. E é isso o que faz do sujeito, que nomeia e é nomeado, um ser processual – apesar de haver marcas significantes mais fortes que outras, tal como é a marca da diferença sexual *ainda* em nossa sociedade.[36]

Para uma política emancipatória é preciso recuperar o sexual na sua qualidade de inútil, naquilo que ele oferece limite lógico, e não em termos de oposição, contradição, dualidade ou o que for. Nossos regimes de decidibilidade e de inteligibilidade se dão passando sempre pela propriedade: um corpo que *tem* pênis *ou* vagina, com funções específicas a partir desta diferença, pensados como recíprocos, contraditórios, opostos, complementares. Mesmo quando interpretados como ambíguos e duais, ou simultâneos, como faz Freud em sua teoria da predisposição à bissexualidade e a corrente sadomasoquista, e Moschkovich,[37] ao trazer a simultaneidade e adição infinita como Ebisteme, algo do binarismo enquanto codificação mínima se presentifica.

É claro que a tentativa de decifrar o mundo a partir de pares encontra muitas limitações. A maior delas está justamente na ideia de que há também uma hierarquia entre dois elementos e uma apropriação por parte de um deles. De modo que o próprio sujeito cognoscente toma a relação

---

[36] Ambra (2022a).

[37] Moschkovich (2022).

"sujeito *versus* objeto" instaurando também uma separação radical entre ele e o mundo que o cerca.

Como quebrar com o binarismo sem recair no argumento de que há uma substância imanente que perpassa todos os seres vivos e inanimados? O argumento aqui colocado não se pretende alinhado à filosofia monista plural, nem à tentativa de ponderar o Uno em relação ao Múltiplo, mas de tomar o sexual enquanto aquilo que tanto impulsiona os corpos quanto como o que os despossui de seus predicados, atributos e propriedades, a ponto de haver nele singularidade e impessoalidade.

Somente uma política que se preste a questionar o peso de dar forma ao sujeito e a um corpo político para a ação política pode de fato desmanchar os confins identitários nos quais os enquadres teóricos e políticos se encontram. Ou seja, é preciso uma Política do Feminino em que não haja um sujeito que anteceda ou que suceda à política: há ato de corpos que se veem atravessados pelo feminino que os retira dos regimes de determinação!

Pressupor a necessidade da existência de um sujeito específico para a ação política faz com que haja uma reprodutibilidade nos nossos entendimentos sobre o Cuidado e o Comum. O que dificulta, inclusive, a possibilidade de homens se entenderem como cuidadores primários de outrem, haja vista o quão remetido ao cuidado o corpo lido como feminino se encontra, e a própria ideia antecipada de que deveria haver *um* que se encarregue mais, na divisão que exigiria no mínimo dois.

Após termos perscrutado o Cuidado, é preciso agora nos debruçarmos sobre o Comum, seu estatuto positivo, como ele se vê presente nos dias de hoje, e como se relaciona com o Cuidado. Os Comuns interessam aqui enquanto tudo aquilo que não pode ser encaixado como propriedade privada ou pública.

Há um estatuto espacial no Comum, que toma forma a partir de experiências dos sujeitos com determinado espaço. Ou seja, o Comum é aquilo que circula nas relações humanas e que não pode ser apreendido ou convertido em propriedade, que circula sem tomar forma de mercadoria ou bem a ser cooptado pelo Capital e/ou pelos aparelhos do Estado.

As experiências de coletivos, insurgências e ocupações, por exemplo, reclamam para si algo do Comum que se dá em ato. Logo, não se trata de recuperar experiências comunais em sociedades pré-capitalistas, nem de fazer um extenso elogio às situações precárias em que o Comum se apresenta como única alternativa viável à situação de vulnerabilidade à qual alguns corpos foram deixados pelo Estado.

Estudando as insurgências, as chamadas manifestações espontâneas, os acontecimentos, as assembleias, e as políticas de coalizão e de multidão percebi algo das modalidades lógicas de gozo no interior das formas de se fazer política. Nos meus livros anteriores, argumentei como há algo da Política do Feminino que se faz presente em manifestações como A Marcha das Vadias, o *Ni Una a Menos* e as Jornadas de Junho.

Não se trata de afirmar que o que ocorre, e ocorreu, nesses atos, seja de fato uma versão corporificada da elaboração teórica aqui construída. Mas de sugerir que há algo que movimenta os corpos para além da identidade e das determinações, tanto na formação de um corpo político disforme quanto para a reconfiguração do fazer político, que dizem de um modo feminino de se fazer política.

Na Marcha das Vadias, por exemplo, há uma *queerificação* e uso estratégico do termo "vadia", esse que se encontra distanciado da figura do humano, e que por isso mesmo encerra em si a "justificativa" para a violência da qual "quem é vadia" é vítima, para negar a figura do humano e o pacto estabelecido entre a sociedade e o Estado de que esses corpos *devem* estar submetidos à violência. Algo que argumento

estar próximo de uma Política do Feminino do tipo não-
-todo como suplemento.

Já no *Ni Una a Menos*, há uma dupla negativa que se coloca contrária a todo processo de diferenciação e exclusão. Não há corporeidade passível de ser subtraída para que haja o laço social. Não há uso estratégico de nenhuma identidade, nem de subversão de um termo, para forçar as formas de reconhecimento social: há um ato que faz total objeção à universalidade. Ou seja, esse negar o todo em sua totalidade me faz aproximar o *Ni Una a Menos* da Política do Feminino do tipo não-todo como negação.

Um outro exemplo que escolhi para pensar a Política do Feminino foram as Jornadas de Junho, justamente por não se tratarem propriamente de uma insurgência feminista – apesar das pautas feministas se fazerem presentes. Foi de um sentimento de insatisfação geral, deslocalizado, em torno daquilo que o próprio Capital e a política de gestão dos corpos acaba por produzir, que os corpos que tomaram as ruas, a ponto de criar um acontecimento, o fizeram fora daquilo que é previsto pelas concepções tradicionais de política.

Não houve acúmulo de forças, nem movimentos dirigentes que lideraram os processos que sucederam então. Se havia algo minimamente passível de ser antecipado em relação a tais eventos, diz respeito às muitas insurgências que explodiram no mundo todo devido à internacionalização das crises que o Capital produz em ciclos cada vez mais curtos e catastróficos.

A aposta presente é que há algo no sexual que tanto impulsiona os corpos como os despossui a ponto de fazer com que eles componham, minimamente, um corpo amorfo e contingente cujo ato faz objeção à insistência do Capital em transformar nele mesmo tudo que ele toca.

Trata-se de sugerir que há algo que é do campo do feminino, que não é passível de determinação – independente das forçosas linhas temporais que buscam historicizar homogeneamente o passado como narrativa que justifique o presente –, que coloca os corpos em cena não para reivindicar aquilo que estava previsto, mas para forçar outro tipo de circulação que atrapalha o bom funcionamento da Política do Masculino – a gestão de conflitos e de identidades no interior da democracia liberal.

É preciso recuperar o sexual como dispendioso, seja nas figuras do luxo ou da festa, ou de outras formas menos austeras, para fazer do Comum uma alternativa atraente. Comunalizar o Cuidado requer abandonar a noção de sujeito alicerçada na diferença sexual, e na concomitante produção de demais diferenças.

Em vez de realizar um longo estudo comparativo,[38] e que melhor seria efetuado por historiadores sociais, sobre as muitas particularidades nas quais tais eventos se deram,[39] ou de mapear as condições necessárias para que tais políticas possam ocorrer, entende-se que, paradoxalmente, o próprio ato pode ter força de instaurar as condições de sua emergência.[40]

Para a criação de um verdadeiro horizonte político emancipatório é preciso tanto a radicalização da esquerda para além do paradigma legalista e institucional quanto o abandono da noção reificada de sujeito tal qual reclama o Capital. De outro modo, a própria comunalização do cuidado se torna inexequível.

Na construção de um projeto sobre a coletivização do cuidado, seriam as mulheres as responsáveis por tal tarefa, ou é possível pensar uma política do cuidado, uma forma de relacionalidade e uma política do Comum fora da lógica de atributos que tanto incita a sociedade moderna? Estariam

---

[38] Aos interessados em estudos sobre o Cuidado desse tipo, recomendo longamente a produção de Helena Hirata.

[39] Butler ([2015] 2018).

[40] Butler ([2015] 2018).

algumas correntes do feminismo ainda presas na ideia de que a mulher é a mãe, ou que é a vagina "quem" decide o que é a mulher?

E seria a mãe de Freud a mesma de hoje, ou teria ela galgado ao lugar de espetáculo, de representação autônoma e enlouquecida, a ponto de requerer para si toda a ideia de feminilidade ou de fazer existir a Mãe onde há ausência de significante que designe a Mulher?

Se a maternidade pode assumir um lugar de semblante para uma mulher é porque há tanto investimento libidinal quanto quebra da divisão entre substância e aparência, que toma o primeiro termo hierarquicamente ao segundo. Ou seja, o semblante é semblante de semblante, e não de outra coisa, mas é por ele que um sujeito pode vir se fazer representar no laço social. Enquanto a representação se ocupa de, por teatralização, presentificar o ausente dentro dos pactos sociais estabelecidos, o espetáculo segue por si só, independente de investimento libidinal ou daquilo que supostamente representaria.

As correntes conservadoras do feminismo estariam operando pelo espetáculo ao reivindicar a Mãe para todas as pessoas com vagina, independentemente das experiências associadas à maternidade que estes corpos vivenciem? Substituíram a visão conservadora de Mulher em nome de uma visão ainda mais conservadora e moral de Mãe?

Para seguir, será preciso engatinhar nas teorias psicanalíticas e feministas, a fim de enlaçar tais campos. Inicialmente, serão indagados os modos em que o cuidado é atrelado ao feminino em operações que confundem a mulher com a mãe, e com a menina. Em seguida, debruçar-se-á sobre como a divisão sexual do trabalho tem papel fundamental no modelo burguês de família, que é o modelo que a psicanálise se esforça em entender (e universalizar), e como esse trabalho é apresentado como natural até nas *brincadeiras mais inocentes.*

Será também realizada uma investigação histórica, a fim de trazer os modos como toda uma construção de hiperfeminilidade, privação e projeto higienista de época reduziu o espaço de atuação das mulheres ao lar e ao cuidado com a família. Tal resgate é necessário para situar o quão recente são os ideais de feminilidade que ainda vigoram, e que circulam de modo a confirmar uma suposta essência ou natureza feminina. Dito de outro modo, inquirir como um programa higienista e econômico, centrado na reprodução social, voltou-se para a figura da mãe como a forma de existência feminina valorizada socialmente – contanto que respeitando a discrição[41] que exigia a época. Este é recuperado por Freud de outro modo, o corpo higienista da mãe é descoberto do seu véu e é revestido de interesse erótico.

Somado a isso, dediquei uma seção que, embora breve, busca dar corpo e trazer o texto para perto das experiências concretas de cuidado no país. Pensar a situação brasileira e o que foi feito da questão da maternidade é também refletir sobre a herança maldita do colonialismo e da escravidão que vigoram nos dias de hoje. Se o cuidado é premissa irrestrita à mãe branca, há também a mãe preta por detrás das atividades mais dispendiosas e insalubres que cuidar de um sujeito em formação e sem amparo de uma larga comunidade exige. Esta raramente é levada em conta nos estudos sobre o cuidado como constitutivo de corpos, tudo passa como se não houvesse ninguém mais que a mãe como agente que goza de um lugar especial e indisputado pela libido infantil. Ao passo que a figura da babá negra é impregnada de sensualidade bestial que antecipa os gestos de violência sexual, as investidas do patrão.

---

[41] Machado de Assis ironiza essa visão balzaquiana em *Quincas Borba* de que uma mulher grávida ostenta através de sua opulência que fez sexo.

Se assumirmos que a constituição egoica depende[42] de processos de incorporação e de identificação, que fazem do Eu um precipitado das histórias amorosas de um sujeito, é inegável na composição social de classe e raça no Brasil – em que pessoas brancas foram e continuamente recebem cuidados de mulheres negras – que há identificação e incorporação onde também há recalque e diferenciação.

Contudo, o afeto talvez apareça em **negrito** nas relações entre as crianças e as babás. O filme norte-americano *Histórias cruzadas*, que estreou em 2011, retratando a profunda segregação racial presente nos Estados Unidos, possui uma fala peculiar. A personagem Aibileen Clark, interpretada por Viola Davis, diz que cuida de bebês que mais tarde se tornam (tão racistas e elitistas) como suas mães. A questão seria *como* e *por que* isso ocorre. Este é um tema muito caro e denso para ser abordado em uma seção, mas considerando-o como um estudo preliminar – afinal não há pretensão em esgotar ou absolutizar o debate –, serão convidadas para discutir tal questão as psicanalistas Neusa Sousa Santos e Lélia Gonzalez.

No segundo capítulo, serão levantadas as questões morais por detrás do cuidado e como estas estão atravessadas pelo discurso religioso. Ainda que vigore certo patriarcalismo nas leituras sobre os romances familiares, às mulheres é dado o papel de garantir a boa gestão da família, sua coesão e, até mesmo, fazer valer a figura do pai. Serão discutidas, então, as questões relativas à servidão voluntária e ao masoquismo feminino. Supõe-se que o incômodo que destes advém responde também a uma questão moral.

Para tanto, um resgate à própria noção de servidão voluntária, e de sua crítica, impõe-se sobre a pesquisa. Interessam também as formulações machistas das filosofias racionalista e niilista acerca do papel das mulheres na sociedade,

[42] Freud ([1917] 2017).

assim como do tipo de educação que a elas deveria ser dispensada para que, de fato, pudessem se prestar ao descanso do guerreiro.

Além das questões morais que circundam a própria noção de masoquismo, é preciso revisitar o termo, entender o modo como este se liga à sexualidade e a uma possível posição do sujeito no mundo, expressa no feminino como uma desmesura diante do princípio de prazer que Freud supõe presente no aparelho psíquico em sua primeira clínica. A descoberta do psicanalista, porém, segue por outra via, justamente em direção ao excesso a que tende o aparelho psíquico, manifesto também como um excesso de privação.

Longe de intentar psicologizar posições de forma maniqueísta, o que se observa através da clínica e das construções teóricas é a descrição de um sofrimento psíquico que denota um mal-estar tipicamente feminino como resposta às exigências da época, e não como interpretação de seu corpo castrado, como querem *amputar* alguns psicanalistas. Esse desmedido gozo pode emergir como cuidar em demasia, o excesso de zelo paralisante que leva à inibição, ou o medo paranoico que leva ao autoconfinamento ou à passagem ao ato. Há de se perguntar como os estudos iniciais sobre a histeria de 1895 negligenciaram o fato de que muitas das pacientes citadas se encontravam em situação de prestar cuidados a outrem: poderia ser essa uma fonte de adoecimento psíquico? Poderia a sintomatologia histérica ser um modo de inverter as posições do jogo para se fazer cuidado?

E ainda: haveria algum tipo de culpa inconsciente por detrás de não desejar seguir cuidando de alguém? Aceitando que o cuidado, independentemente de por quem é prestado, em relações instrumentais, afetivas ou assalariadas, é fonte de grande dispêndio energético, poderia aquele que cuida retirar dessa experiência alguma satisfação secundária? Seja por ocupar o lugar do Outro materno, como o grande agente que decide pelo outro e o interpreta, como faz a menina com sua boneca; seja por extrair daí um prazer sádico fetichista de tomar o outro como objeto de seus excessos amorosos? Cuidar poderia ser um modo de castrar o outro, limitando sua autonomia e vontade?

O terceiro capítulo será dedicado a discorrer sobre como a maternidade *sem filhos* é uma saída da feminilidade que é útil aos homens, na medida em que coloca as mulheres em posição servil na parceria amorosa. Às dicas de conselheiro amoroso de Freud e seus aspectos incestuosos e infantis. Aos efeitos na vida sexual do casal se, de fato, eles logram efetuar uma parceria mãe-bebê ou se há um rechaço por parte da mulher em "fazer do seu marido também o seu filho".[43] E a apresentar a noção de homem-bebê, esta que deriva das formulações do falo-bebê e dos aspectos narcísicos[44] presentes nos homens que buscam "reviver" tal tipo de experiência.

Apesar dessa descrição do casamento e da maternidade como saída para a feminilidade normal, Freud vê a maternidade em si como um dos possíveis empecilhos para a felicidade conjugal e o amor genital. Ele se esforça em seguir em uma fantasiosa conciliação[45] entre os sexos após suas formulações sobre os complexos de Édipo e de castração. Como homem de sua época, tenta interpretar por que um segundo casamento das mulheres seria mais proveitoso a elas, tendo em vista o tabu da virgindade, e como, por vezes, o casamento é o único horizonte factível para as mulheres – algo que ele relatava com certo pesar determinista frente ao destino de algumas das mulheres brilhantes que atendeu.[46]

---

[43] Freud ([1933] 2018, p. 340).

[44] Relativo ao narcisismo. Noção que será desenvolvida mais adiante.

[45] Van Haute; Geyskens (2016).

[46] Kehl ([1998] 2007).

De todo modo, esse tipo de leitura encerra toda a fantasia das relações e parcerias amorosas no complexo de Édipo, fazendo da mãe um objeto superestimado, investido libidinalmente e disputado com a autoridade paterna, quando não por outros iguais, os irmãos. A criança experimenta sensações de ciúmes e de inveja quando acredita competir pelo olhar e afeto da mãe, quando não mais se supõe o objeto que sutura qualquer falta que a mãe possua e que a impeça de olhar para além.

Afora as imposições moralistas de que a mãe deve ser suficientemente boa, como quer o pediatra e psicanalista norte-americano Winnicott, não se trata de pedagogizar a relação entre as mães e seus bebês para garantir uma boa maternagem em aspectos econômicos. Importa que a mãe seja o suficientemente mulher,[47] desejando para além da criança, o que, se por um lado a angustia, por outro a inscreve na falta e na possibilidade de vir a ser um sujeito desejante.

A erótica em torno da figura materna e dos anseios tirânicos de exclusividade, que remontam também à monogamia como organização social das parcerias sexuais, desemboca nessa experiência infantil de ser o falo para o outro e na promessa de realização dessa fantasia numa parceria futura. Afinal, a saída do complexo de Édipo para o menino se daria através do complexo de castração com a inscrição de que há algo destacável em seu corpo, que é o falo-pênis, que o marca enquanto homem provido dos atributos da masculinidade e que pode se servir do falo-pênis para abordar, não mais a mãe, mas outras mulheres. Há um horizonte de reconciliação para o menino em sua saída do complexo edípico: abandona-se a mãe em troca do seu amor narcísico pelo pênis, com o vislumbre de que mais tarde poderá *ter* outra mulher para si.

---

[47] Lacan ([1969-1970] 2007).

Interessa o que há do Erotismo no romance familiar não apenas para retornar às colocações freudianas sobre a sedução primária, e como o próprio rechaça as denúncias de abuso sexual que suas pacientes mulheres traziam de homens relativamente próximos ao núcleo familiar, quando não pertencentes a este, mas também para indagar por que é nomeada como a real sedutora, a mãe. De forma que, até mesmo a atividade masturbatória infantil secundária, a partir do momento em que a criança se dá conta do outro e fantasia, como também a fase sádico-anal, de ter, reter, dar o objeto fezes e dos cuidados administrados com o corpo, se ligam à maternidade.

Ainda que se construa toda uma erótica em torno da figura da mãe e do retorno de algumas fantasias infantis na relação conjecturada por Freud entre um homem e uma mulher, não há nada que garanta o bom funcionamento da parceria amorosa, seja do ponto de vista sexual ou o que for. Afinal, uma mulher pode não querer assentir com a posição exigente de ocupar tal lugar, *principalmente para um homem*, além do que, caso ela se preste a tal papel, algo do próprio tabu do incesto pode retornar de forma contundente na relação. Freud,[48] em suas *Contribuições para a psicologia da vida amorosa*, no texto "Sobre a mais geral degradação da vida amorosa", discorre como, uma vez que a mãe é um objeto idealizado e, após a saída do complexo de Édipo, santificado e dessexualizado, pode haver algo que obstaculize o desejo caso o objeto sexual se encontre muito embaraçado com a imagem daquela que não se pode desejar.

Anseia-se pesquisar as contribuições que a psicanálise pode trazer à discussão e que por muito parecem ter sido ignoradas: sendo a mais forte a questão sexual. É preciso sair da produção da diferença sexual e de papéis sociais baseados

---

[48] Freud ([1912] 2018).

no sexo e ir em direção àquilo que no sexual leva os corpos à despossessão de seus atributos e à dissolução das fronteiras imaginárias que os separam.

Freud pensa a forma como o desejo circula dentro de uma parceria em que, ora um se oferece como objeto para ser desejado, ora outro se dispõe como objeto para o qual o outro faça concessões a favor ou sacrifícios. Ou seja, a destinos e modos diferentes com os quais homens e mulheres se posicionariam em relação ao falo: as mulheres deveriam fazer concessões a favor do objeto, os maridos, para que estes pudessem se realizar. As mulheres se realizariam por procuração: gozando dos frutos dos sacrifícios prestados por seus homens à civilização.

Contrapondo essa visão generificada e funcional de sociedade e de relação, importa o sexual como aquilo que não serve para nada.[49] Como ficariam as parcerias sexuais dos adultos em que se incidiu a castração diante do retorno da figura da mãe *na* esposa? E como fica a questão sexual, libidinal e amorosa em um cuidado que parece reduzido aos imperativos sociais e econômicos a ponto de se tornar um trabalho não assalariado que é também exigência moral que recai sobre as mulheres? E mais, como não higienizar esse cuidado que se dá também com os restos, com a agressividade e com toda uma sorte de afetos dissonantes?

É a partir destas e outras questões que se efetuará um retorno a Freud, *avec* Lacan, via seus muitos comentadores, para matizar seus desenvolvimentos que, se na primeira impressão provocam desconforto, quando mais bem aprofundados revelam saídas clínicas, teóricas e até mesmo políticas profícuas.

Avançaremos sobre as saídas imaginadas pelo feminismo no quarto capítulo. Portanto, não iremos focar em

---

[49] Lacan ([1972-1973] 2008).

soluções individuais. Tampouco se trata de conjurar Lacan e as saídas do Ser o falo na dialética do desejo em uma parceria, ou de ser não-toda fálica como modo de reconhecer e jogar com os semblantes, para que as mulheres *consigam* ser "mulheres", mães, trabalhadoras, donas de casa e uma infinidade de outras obrigações sociais. Se autorizado dizer: um sujeito produtivo e generificado para o capitalismo.

As saídas feministas são à esquerda, têm posição política clara e servem a outros propósitos do que de gestão social. O não-todo de Lacan é evocado não como estilística de existência, ou forma de lidar com os semblantes da cultura, mas em termos lógicos e consequentes para se pensar a política: opondo-se à Universalidade e desconstruindo as identidades das quais esta depende.

Afinal, a confusão de Freud entre a Mulher, a Mãe e a Natureza não é exclusividade do Pai da Psicanálise. Ela ocorre até mesmo em segmentos progressistas e radicais que não largam o osso da diferença sexual como realidade incontestável, a anatomia como destino e a genitália como subjetivação.

Este é o ponto em que é preciso debater tanto com o feminismo que reivindica para si o monopólio da categoria Mulher através da vagina,[50] quanto os projetos por uma democracia plena ou participativa, ou pelo Comum, que ainda que tenham por cerne a crítica à propriedade, não conseguem superar a visão de que corpos humanos *são proprietários* ou de pênis ou de vagina.

Seria a Mãe tão ideológica, material, psicotizante, fálica, toda e espetacularizada que, ao se debater a coletivização do cuidado dentro de um projeto instituinte ou desinstituinte,

---

[50] Pode-se incluir aqui as experiências de corpo de gestação, parto e amamentação – que agora nem são tão exclusivas mais –, como modo de consistir a inexistência da Mulher através da Mãe e da Natureza.

não haveria como essa não ser uma tarefa das mulheres com vagina? O que poderia a Política do Feminino,[51] do não-todo como suplemento ou do não-todo como negação, enquanto aquela que faz objeção ao Universal e à forma identidade? A despossessão sexual poderia desobrigar as mulheres do papel de cuidadoras primárias na cultura?

"Falar da mãe ofende": nada de metas morais para a psicanálise, o feminismo, ou as mulheres

Por que se pressupõe que as mulheres são desejosas de ocupar o lugar de(da?) mãe, e por que esse lugar carrega consigo uma estética do cuidado que extrapola cuidar de um bebê para cuidar de toda economia doméstica? Haveria, até mesmo em Freud, após seus esforços em diferenciar a pulsão do instinto e o desejo da necessidade, a sombra do mito do instinto materno e as consequências a serem extraídas dessa relação pela moral vitoriana?

Seguindo por uma via não pedagógica, dado que esta não importa à psicanálise, não será proposto um modo de melhorar a divisão do trabalho doméstico em casa ou reclamar a validade de uma maior participação do pai nos cuidados com o real bebê da relação. Não se objetiva aqui reforçar o modelo de família monogâmica cisheterossexual ou atestar a favor de sua permanência e funcionamento. Os romances familiares são, na "melhor" das hipóteses, comédias, na pior, tragédias, e normalmente, dramas banais. Em comum, há somente a ausência de um final feliz.

Ademais, imaginar saídas individualistas travestidas de um bonito linguajar psicanalítico é aderir às promessas de felicidade do delírio burguês.[52] Certamente, não é da

[51] Moreira (2022).

[52] Lacan ([1958] 1998).

felicidade que se trata, mas de relações menos sobrepujadas pelo peso das determinações sociais. Que cada casal, trisal, grupo ou pessoa possa inventar o seu próprio modo de fazer parceria amorosa, criar seus filhos e lavar a sua louça conta, mas não só. Até porque as parcerias não são feitas somente em dupla.

Ao mesmo tempo, é crucial não criar, a partir da crítica feminista, metas morais para a psicanálise e as infinitas formas de fazer laço afetivo, amoroso, sexual, de parentesco e de cuidado: o cuidado pode ser uma demanda de amor – o que não impede que haja mal-estar.

Não se trata aqui da superação desse mal-estar nas relações cisheteromonogâmicas, mas de questionar os adoecimentos psíquicos provenientes deste imperativo que não é mais que uma imposição jurídica.[53] Não há nada para além de uma norma social que se organiza através da família, da troca e dos laços de parentesco, que garanta a monogamia ou que leve de fato a ela.

Diferentemente do que intenciona Freud, não há para Lacan uma defesa do casal homem-mulher, ainda que este se encontre subsumido em toda teoria. Mesmo assim, suas formulações sobre o feminino, o masculino e a sexualidade advêm, quase exclusivamente, a partir desta instituição.

Por sua vez, Freud chega a topar, parcialmente, entrar pela via pedagógica. Ainda que reconheça o indomesticável da pulsão, ele se interessa pela continuidade de certo ideal doméstico. Freud avança pelo romance familiar, sem tomá-lo pelo âmbito crítico ou reflexivo. O que, por um lado, produz leituras um tanto quanto ingênuas, a-históricas e universalistas, por outro, descreve bem a situação de sua época, que é a nossa, e o modo de constituição subjetiva dos sujeitos modernos.

---

[53] Lacan ([1969] 2003).

Em outra ocasião, escrevi como isso já não se passa com Lacan, uma vez que o analista sinaliza a incompletude na parceria cisheteromonogâmica, que faz de todos os objetos amorosos, inadequados.[54] O mesmo valeria então para parcerias múltiplas, como se fosse possível extrair algo da completude através da parcialidade de traços diversos de diferentes objetos. O analista indica tanto a tentativa de fazer série, eleição de um traço intercambiável que se repete entre os objetos de desejo, quanto o desencontro de uma relação marcada pela perda e pela dissolução das formas constituídas.[55]

Ainda que Lacan, e em alguns momentos o próprio Freud, sinalize como algumas imposições, jurídicas ou não, se dão de forma contingente – e nunca são totalmente satisfeitas –, muitas das questões ignoradas pela psicanálise são de cunho crítico. Em quais condições o casal heterossexual monogâmico galgou o status que possui atualmente? Por quais mecanismos os discursos sobre a família, a monogamia e a divisão sexual do trabalho passaram a circular como naturais, dominantes e imutáveis? Sobre quais óticas a própria noção de patriarcado pode operar para naturalizar, reforçar e impulsionar a reprodução de seu mito? Em que momento o corpo da mulher foi levado ao campo do erótico e da maternidade? Quando foi transformado em um corpo *útil* pelo seu papel particular na reprodução da espécie?

Dentre os primeiros esforços em responder às questões postas, é notório como o século XVI foi marcado por um investimento pungente nas questões acerca da sexualidade.[56] Diferentes dispositivos concentraram seus esforços na acumulação de saber sobre o sexo e as práticas sexuais, para então consistir categorias diferenciadas e excludentes. Esse

[54] Moreira (2019).

[55] Bataille ([1957] 2013).

[56] Foucault ([1976-1984] 1988).

novo anseio se dá em conjunto à emergência de um sujeito moderno, de uma subjetividade moderna, em consonância com a relação social em construção da época: o capitalismo.

Para além de um regime econômico, o Capital é uma relação social. Logo, ele opera também nos processos de subjetivação e de docilização dos corpos, e no sequestro dos desejos e das subjetividades singulares que, de algum modo, oferecem resistência a ele. O sujeito moderno é um sujeito pautado em sua produtividade e lugar na esfera social. Não é à toa que ele se constitua a partir da especiação do normal e do patológico, pela psicologização sobre o que seria atestado de inumanidade e que deveria ser empurrado para fora do convívio.

A psicologia se presta a tal papel classificatório, à conformação dos corpos segundo um modelo adaptativo, e pior, à individualização ancorada num pretenso biologicismo, que nomeia como patológicas as formas improdutivas ao capitalismo. Daí a consolidação de espaços de exclusão e de violência estatal, como os manicômios e as prisões, a domesticalização dos corpos femininos, confinados à extensão da casa e do domínio do privado. Estende-se a isso os processos de racialização e de colonização que produzem o negro, o indígena, o primitivo; ou seja, o incivilizado a ser explorado às custas de sua não correspondência com a figura do normal.

Considerando toda a gama de particularidades que atravessam a existência do que se entende por humano, optar por investigar justamente a relação cisheterossexual monogâmica, tal qual formulada por Freud e Lacan, ou seja, numa visão eurocêntrica e branca desse tipo de relação, parece, a princípio, caminhar na contramão dos estudos atuais, que buscam cada vez mais lançar mão da interseccionalidade como ferramenta de pesquisa capaz de contemplar entrecruzamentos.

Contudo, seguir por este caminho pode não significar dar um tiro no pé. Afinal, é este o modelo exportado e forçosamente decretado para todo o mundo como o normal. Como aquilo que, por assumir ares de normalidade natural, religiosa e jurídica pode aceder aos direitos, ao status de cidadão, de ter espaço para a vida pública e privada sem a coerção dos mecanismos sociais que visam garantir a cisheterossexualidade e a monogamia em pleno funcionamento.

A heteronorma tem papel atuante nos processos de subjetivação humana, posto que a eleição do casal heterossexual como ideal regulatório não se dá num vazio histórico ou por contingência. No primeiro volume da *História da sexualidade*, Foucault[57] presenteia o leitor com a genealogia do casal heterossexual eleito como norma, como ideal regulatório que exerce, por força centrípeta, poder sobre todas as sexualidades que bordejam o que foi forjado como normal, ao mesmo tempo que este exterior constitutivo reincide sobre o ideal, num movimento de refluxo, forçando-o a se redescrever.

Tal casal foi elencado como ideal por razões econômicas. A família mononuclear é a que produz de forma mais satisfatória os corpos que o capitalismo precisa para garantir que haja força de trabalho disponível para a acumulação. Há um interesse natal por parte do Estado. A heteronorma tem seus subprodutos, como a maternidade compulsória e midiatizada, além de jogar sua sombra a todas as demais formas de vida que se oponham minimamente a ela. Não há vivência, sexualidade ou particularidade que não sofra o efeito da norma nos processos de socialização, ao passo que, para desestabilizar a norma e redescrevê-la, necessita-se de grandes esforços de transformação coletiva.

Se há uma urgência em escrever esse texto, talvez esta se localize no contexto recente de pandemia, em que a divisão

[57] Foucault ([1976-1984] 1988).

sexual do trabalho se acirrou ainda mais nos muitos lares brasileiros. Um país cujo legado colonialista ainda reverbera em seu cotidiano, através do trabalho doméstico e de cuidado terceirizado, em que mulheres brancas ainda terceirizam e delegam a babás, faxineiras, cozinheiras e cuidadoras o cuidado dos filhos, da casa, da alimentação e de seus idosos e/ou enfermos.

Um pequeno parêntese sobre economia doméstica: são as mulheres quem terceirizam o que é tido como ocupação feminina. Na pandemia, muitas dispensaram esses serviços, assumindo para si o montante em questão: da reprodução social dos futuros trabalhadores, dos que trabalham atualmente e dos que são vistos como mera despesa pelo Estado dentro do regime capitalista. Concomitantemente, as mulheres que recebiam um salário pelo trabalho de cuidado retornaram a suas casas para uma situação em que seu trabalho é invisibilizado e compreendido como mera obrigação.

Exauridas por um trabalho que no patriarcado do salário[58] é tido como expressão de afeto, resta às mulheres, no capitalismo, assimilar o autocuidado como rotina de *skincare*, compra de mercadorias para o corpo-mercadoria. *O Capital se esforça em converter aquilo que se opõe a ele nele mesmo.*

É mister tecer essas considerações a fim de refletir tanto uma psicanálise fora desses paradigmas quanto os modos de relacionalidade de hoje, tão assujeitados e subordinados ao capitalismo, que minam as vivências de amor, tesão, carinho, troca e cuidado, reduzindo-as a um cinismo mercantil. A aposta aqui é a de que os corpos femininos estão tão exaustos quanto desejosos de uma real mudança.

Deseja-se pensar, também, um projeto político de transformação do Cuidado, como alternativa para o mal-estar que as mulheres experimentam ao se verem, às vezes por si

[58] Federici (2019).

próprias, confundidas com a mãe (de quem?). Afinal, ainda que o mal-estar seja inerente ao processo civilizatório, não faz sentido tomarmos uma posição resignada diante dele, mas de entender que esse pode se dar de outras formas.

Imaginar formas menos segregadas e morais de laço social nos ajuda a formular um projeto de cuidado Comum sem advogar pela interdependência dos corpos e por uma visão cooperativa de sociedade; ou por medidas distributivas baseadas na igualdade. Para nutrir tal terreno, é preciso jogar o *homem-bebê* com a água do banho fora: superar a visão que ainda mantemos de proprietários de um sexo, de uma sexualidade, de uma experiência de corpo que nos determina e dita nossas relações, formas de organização social e modos de se fazer política.

Capítulo 1

"Isso é coisa de m...": menina, mulher ou mãe?

Nesta seção inaugural do trabalho, será questionada a ligação imediata entre o feminino e o cuidado. O cuidado, em si, não é um conceito psicanalítico, tampouco um consenso entre os psicanalistas de diferentes linhas e abordagens. No entanto, este se configura sempre próximo ao feminino, corporificado em sua versão falicizada, a mãe, mas não só, posto que a maternidade é vista como um devir para a menina e a mulher.

Ainda que existam os esforços, desde Freud,[59] em deslocar um pouco da biologia a questão da constituição subjetiva do bebê, ao dizer que era necessária a existência de uma pessoa prestativa disposta a libidinizar e inserir o bebê na linguagem – a confusão entre a mãe e quem cuida já está posta imaginariamente.

Contudo, há uma fina distinção entre quem se nomeia mãe e quem exerce a função materna,[60] a saber, a dos cuidados. Apesar destas poderem coincidir, não se trata, em absoluto, do mesmo. A confusão está posta dadas as expectativas sociais sobre a maternidade e o corpo feminino.

É mister apontar que as exigências às quais os corpos femininos se encontram submetidos decorrem de interesses econômicos. A divisão sexual do trabalho importa não só

---

[59] Freud ([1895] 1996).

[60] Garrafa (2020).

para o advento e manutenção da família enquanto unidade social que se pretende universal, mas também para o cumprimento de metas demográficas.

Os semblantes de feminilidade e de maternidade que vigoram na modernidade são recentes.[61] Estes servem para todo um projeto capitalista de sociedade que preza pela disputa de narrativas a ponto de produzir, na história, amnésias. É útil questionar se a Idade Média, o período predecessor à Era Moderna, cujo lugar social da mulher era outro, foi realmente a Era das Trevas,[62] e de pouco ou nenhum impacto artístico, científico, político e filosófico, ou se suas contribuições foram varridas para debaixo das tapeçarias de uma burguesia em ascensão.

O fato é que houve investimentos numa hiperfeminilidade e na maternidade como parte de um programa higienista posto que a natalidade era, e continua sendo, uma questão de reprodução social, econômica e política. O parto realizado por humanos é de alto índice de mortalidade e quanto mais precários o acesso ao cuidado, à medicina e à informação, maior a letalidade entre as parturientes e os bebês. Ainda que recaia sobre o corpo feminino o véu higienista da ciência, do Estado e da religião, Freud desvela o que essa política esconde: o que há de erótico na reprodução e nas relações familiares.

Considerando que há uma disjunção no nomear-se mãe e fazer a função materna, será *desvelada* uma figura muito cara às famílias burguesas: a babá. No Brasil, essa babá é também a mãe preta, a ama de leite. Ou seja, é uma pessoa que tem também cor e classe, de um país que se baseia na racionalidade europeia e que por isso mesmo reproduz sua barbárie. No caso brasileiro, têm a marca do sequestro e

---

[61] Iaconelli (2012) e Kehl ([1998] 2007).

[62] Federici (2019).

escravização de povos africanos. Muitas vezes são as babás as responsáveis pela função materna, ao passo que as mulheres que gestaram, ou que adotaram os bebês, são as que adotaram também para si mesmas o nome "mãe". Esta diferenciação entre o trabalho de cuidado (assalariado e/ou explorado) e os lugares ocupados no romance familiar não parece passar despercebida pela criança.

A divisão sexual do trabalho

O livro *A origem da família, da propriedade privada e do Estado*, de Friedrich Engels,[63] é considerado um marco nos estudos feministas de inspiração classista. Servindo das investigações antropológicas de sua época, ele se dedica a um exercício especulativo sobre a origem da família, da propriedade privada e do Estado, uma vez que percebe entre eles, temas a princípio tão díspares, uma relação social maior: o capitalismo.

O autor nota que há uma divisão anterior à divisão de classes: a divisão sexual. O que, por sua vez, não significa dizer que a biologia antecede e determina a divisão de classes, posto que o que está em jogo é a divisão sexual do trabalho. Pensar as distinções anatômicas como úteis a um projeto societário, corresponde a basear os modos de organização social conforme as formas de parentesco e de parcerias na reprodução.

Importa localizar quais as condições materiais necessárias para que a reprodução da espécie, vital para sua perpetuação, foram descritas. O arranjo moderno de famílias se daria devido à "evolução" nos meios de produção, do trabalho e da acumulação. Uma vez complexificada a sociedade, intensifica-se também o processo no qual esta se reproduz. Não se trata mais, tão somente, da reprodução sexuada, mas

[63] Engels ([1891] 2019).

também do trabalho afetivo e de cuidado, do excedente de acumulação permitido por um trabalho não remunerado, mas essencial para garantir a existência e manutenção da sociedade. Trata-se da geração de mão de obra.

Em sociedades "mais avançadas", as famílias se reúnem em torno da sobrevivência da prole. Acumulam bens e alimentos. Fixam-se em territórios de uso pessoal. Conforme as pesquisas realizadas até então, havia uma prevalência do sistema matrilinear[64] em comunidades não monogâmicas. Toda a linhagem se estendia à figura da mãe. Tal configuração cedeu lugar para as famílias patrilineares, sob a ascendência da figura paterna, e a exigência de exclusividade monogâmica por parte das mulheres, de modo a assegurar o tabu do incesto e a transmissão de herança provinda da acumulação, além de mão de obra para o pai.

Tais deduções são fruto do modo como a organização familiar e a relação afetiva se davam em sociedades matrilineares, "menos desenvolvidas" e não monogâmicas, versus sociedades patrilineares, "evoluídas" e "monogâmicas". Estabeleceu-se então, a divisão sexual do trabalho, uma hierarquia sexual no interior da família, a propriedade privada e a necessidade de criar uma instituição que reconhecesse e firmasse esses termos de dominação sexuada e de propriedade e acúmulo não coletizável: o Estado.

A antropóloga feminista e teórica queer Gayle Rubin[65] tece considerações sobre como o mito do patriarcado ocupa, no pensamento ocidental, lugar privilegiado para se investigar o momento de fundação do laço social tal como é concebido hoje. O artigo "O tráfico de mulheres: notas sobre a 'Economia Política' do sexo", reúne esforços em percorrer

---

[64] Cuja descendência é garantida pela mãe, posto que a paternidade é mais facilmente colocada em questão do que o contrário.

[65] Rubin ([1975] 1993, p. 2-13).

teorias antropológicas, psicanalíticas e da economia, para demonstrar como o mito se faz presente discursivamente a ponto de estar sempre apto a se reproduzir.

De forma geral, entende-se patriarcado como uma estrutura de ordenação de mundo em que o pai é figura central e correspondente ao detentor de posses e de sua distribuição. Há uma hierarquia sexualizada e geracional que remonta uma história das origens com ares de replicabilidade e permanência.

Contudo, outras leituras sobre patriarcado complexificam a discussão.[66] Há visões que localizam o patriarcado como anterior ao capitalismo, e outras que, baseadas em Engels, o situam como correlato às origens do Estado e da propriedade privada, uma vez que a família moderna corresponde à família patriarcal; e quando não literalmente, ao menos como metáfora.

Significa dizer que a divisão sexual precede e é a primeira divisão de classes em uma sociedade com fins exploratórios. Independentemente das disputas em torno do termo, há um ponto de convergência entre estas: "[...] a gênese[67] da família (patriarcal) é frequentemente entendida como sinônimo da origem da vida social propriamente dita, e tanto a origem do patriarcado quanto a da sociedade são tratadas como sendo o mesmo processo".[68]

Seguindo este argumento, a institucionalização da parceria sexuada do casal heterossexual monogâmico se deu na forma da invenção do casamento. Este é o contrato familiar que garante um controle da vida amorosa, sexual e das relações de parentesco onde se dá a divisão sexual do trabalho sobre a estrutura patriarcal. Não se deve esquecer que a relação

---

[66] Morgante; Nader (2014).

[67] Relativo à origem.

[68] Pateman (1993, p. 43).

contratual é a principal conquista do mundo moderno. Os sujeitos pactuam com sua dominação e exploração através de um contrato que define posições, direitos e deveres.

Contudo, tomar o patriarcado como gênese social, seja como mito, estrutura ou subjetividade, anterior ou ligado ao capitalismo, produz uma série de problemas. O primeiro, é que ele passa a operar como mito e superestrutura posta para sua reprodução. O segundo, é que se assume uma imutabilidade resiliente, ou uma visão conservadora da história em que não há mais a ser feito além da manutenção das políticas dos pactos. Se Freud aposta no mito, e Lacan no estruturalismo, pouco importa, o patriarcado está presente na psicanálise e mais, está ameaçado!

O familiarismo na psicanálise tem função dupla, a de demonstrar como é a família quem garante que um sujeito possa advir por um desejo não anônimo, ao mesmo tempo que é *locus* do sofrimento neurótico. É sobre o romance familiar que o neurótico se queixa, o mesmo que produziu sua pretensa normalidade burguesa.

Segundo o paradigma burguês de família, assumido como universal pela psicanálise, esta é a menor unidade produtiva da sociedade. Tal entendimento faz com que, primeiro, as famílias sejam pensadas de forma individualizada e, segundo, como unidades que servem aos propósitos de produção.

É interessante ser esta a visão proposta por Engels de família, visão que ignora, inclusive, o fato de não serem nada produtivas as famílias burguesas que tiram a sua renda da herança. Posto que o capitalismo é uma relação social que possibilita a dominação do homem pelo homem, ele realiza que haja homens (e por vezes mulheres) que não trabalham.

Seu argumento esbarra em algumas limitações. A família não é uma unidade produtiva, ela é sustentada por toda uma estrutura – até porque pode-se questionar o que há de produtivo em uma família burguesa. Ademais, o autor generaliza toda uma condição, na qual as mulheres estariam submetidas ao trabalho doméstico e de cuidado no seio da família, como se essas tarefas fossem, desde sempre, ocupação delas.

Alguns estudos antropológicos avançaram estas questões que assimilaram o trabalho de cuidado e a condição feminina. Entre as justificativas tautológicas do senso comum, há um esforço em descrever como o trabalho de cuidado é prerrogativa feminina porque sempre o foi.

Nas aspirações pseudoantropológicas encontram-se argumentos como "a mulher cuidava dos filhos e portanto ficava em casa", ou melhor dizendo, *na caverna*. Contudo, para além dos exercícios especulativos empreendidos pelos antropólogos de sua época, afinal Engels escreveu seu livro a partir das condições materiais disponíveis naquele contexto, seus desenvolvimentos se baseiam nas concepções até então alcançadas pelas ciências, enquanto estudos posteriores apontam para suas limitações.[69]

Parte da antropologia feminista se dedicou ao estudo dos diferentes modos de transmissão de parentesco, interdependência e cuidado, sistemas sexo-gênero e divisão sexual do trabalho dentro de uma comunidade. Tais esforços convocam exemplos particulares daquilo que foge a algo comumente compreendido como a norma, e servem para expor a falácia redundante por detrás da construção de uma "verdade universal": que as mulheres são as que cuidam e que cuidam porque são mulheres.

Há um determinismo biológico dentro dessas concepções que tomam a mulher como a mãe. Como se as mulheres estivessem constantemente amamentando e cuidando de um bebê indefeso em suas casas – o que, por consequência, tornava-as responsáveis pelo cuidado doméstico. Tal argumento

---

[69] Moschkovich (2019).

ignora não só os processos de desenvolvimento normal de uma criança e da única ligação que afeta, a princípio, a situação mãe-bebê: a amamentação. Como ficam as mulheres que não gestaram? Ou que gestaram, mas não produziram leite? Também cabe a elas o cuidado da caverna? Os demais cuidados que um bebê necessita precisam ser providos pela mãe ou por alguma lactante? É esta a mãe do patriarcado?

Como considerar se a mãe do patriarcado é ainda admissível dado os avanços das técnicas que não só atravessam as mulheres que se acreditam naturais, mas que também possibilitam que a amamentação não seja exclusiva de gestantes, nem mesmo de pessoas com vagina? Se hoje é razoável, via hormonização sintética, que qualquer pessoa produza leite, porque essa reserva de mercado e divisão sexual do trabalho em relação à amamentação?

Hoje têm-se homens trans, mulheres trans, casais de mulheres cis, casais de homens cis que exercem, ou dividem com suas respectivas parcerias, a tarefa de amamentar um bebê. Por que isso soa tão distante quando as pessoas imaginam a exequibilidade de um homem cishétero amamentar uma criança ou querer dividir os cuidados em relação ao bebê dispondo de seu corpo? E por que as feministas radicais transfóbicas bradam pela exclusividade dessa prática? Seria para garantirem sua identidade na biologia?

A menina e sua boneca: o treinamento informal

Dentre os muitos esforços de desnaturalização promovidos pelo discurso feminista, um de suma importância é trazer à luz os processos de socialização, que não só viabilizam os corpos para a cultura, mas conferem a eles o caráter estático do dado, tal como se apreende nas ciências naturais.

As elucubrações cientificistas, para evitar usar o nome científico, a respeito das diferenças psicológicas que seriam resultado da diferença sexual, não diferem em muito das teorias eugenistas imbuídas de racismo, porém, de um racismo científico, supostamente neutro, positivo, descritivo, fora de alcance da crítica "subjetiva" e "querelante".

O neurossexismo atua para firmar e reafirmar as diferenças cognitivas, intelectuais e morais, para então conduzi-las ao argumento das aptidões naturais para determinados tipos de trabalho. É realmente louvável como as ciências naturais, e muitas vezes a própria psicologia, em seu desejo de servir de ciência útil ao mercado e ao senso comum, se prestam ao desserviço de criar justificativas pseudointelectuais para a eventual exploração de corpos marcados pela diferença.

Os signos da feminilidade são tão logo incitados e implantados nos corpos infantis que portam uma vagina que, tão logo sinalizam algo que corresponda a estes signos, já se dá a prova cabal da diferença entre homens e mulheres, performada como diferença entre meninos e meninas.

Até mesmo o brincar não possui em si nada de inocente, já é a prefiguração de ser como a mãe para as meninas e de ser como o pai, para os meninos. As crianças mimetizam os símbolos ofertados da masculinidade e da feminilidade como modos de mimetizarem o próprio desenvolvimento e a vida adulta.

Nesse ritual primitivo encontram-se também os esforços de transmissão e de realização. Não diferem muito das danças da chuva e dos bonecos de vodu. Freud descreve como o momento auge de atividade de uma menina o seu brincar com a boneca, momento em que ela atualiza e reproduz a cena dos cuidados maternos invertendo as posições.[70]

É curioso como Freud, desde já, traduz[71] a passividade como feminina e a atividade como masculina. A posição ápice de feminilidade bem-sucedida, que é a do ideal de

---

[70] Freud ([1933] 2018).

[71] Laplanche ([1984] 1992).

maternidade, conserva também o ponto de culminância a ser atingido por um sujeito do sexo feminino em termos de atividade. De modo que, ser mãe e ter um filho comportaria algo do feminino e do masculino, concomitantemente.

Para além do brincar de ser como outrem, ou de cuidar de uma boneca de modo a ressignificar a situação de passividade ao qual é submetida, exercendo algo de sua atividade, e até mesmo da agressividade, há também bonecas como a Barbie, que *emplastificam* de forma exemplar os ideais da feminilidade perpassados pelos ideais da sociedade burguesa. A ironia deste tipo de representação é que a Barbie é uma boneca que *tem*, entre outros atributos, uma boneca-filha.

Não é à toa que filósofas feministas creditam parte dos seus estudos investigativos da história do sexo feminino na infância, onde a menina gozaria de um local privilegiado em um primeiro momento, no portar-se e ser amada como um bebê, para ceder lugar ao segundo sexo, numa espécie de luto[72] do qual seria preciso se recompor, para então alcançar um lugar social que pouco reserva à menina-mulher.

A mulher e a mãe: uma erótica higienista

É preciso colher uma história da maternidade, de modo a evidenciar como esta foi forjada para os moldes atuais.[73] Há, hoje, uma verdadeira incitação à maternidade promovida largamente pela grande mídia e seus aparelhos de circulação. Contudo, são muitos os discursos que operam no imaginário social sobre a maternidade, que buscam aprisioná-la a destinos instintuais, biológicos e de autopreservação, ao

---

[72] Beauvoir ([1949] 2016). Ver também Butler ([1990] 2010) sobre melancolia de gênero.

[73] Iaconelli (2012).

mesmo tempo que se valem da prerrogativa moral-religiosa para sustentar seu argumento.

A questão é que a maternidade, tal como se dá atualmente, precisa ser circunscrita temporalmente. Afinal, até pouco tempo atrás, a preocupação natal se dava de diferentes maneiras. A modernidade corresponde a uma situação histórica que culminou no casamento da mulher com o médico de família, consagrando o seu lugar como guardiã da saúde dos filhos e, porque não, de seu marido.

O suposto excesso de zelo maternal tem origem em uma prescrição Estatal, abonada pela Igreja e pela Medicina, para a sobrevivência daqueles que, porventura, serão a nova classe trabalhadora a ser explorada, ou ainda, os grandes herdeiros dos capitalistas e proprietários. Era inclusive comum as mulheres das classes sociais mais elevadas, desconhecendo os métodos anticoncepcionais, muitas vezes malvistos pela sociedade, privarem-se das atividades sexuais com seus cônjuges, privilegiando o sexo reprodutivo e este somente.

Por outro lado, as mulheres das camadas sociais mais baixas e em condições notoriamente desfavoráveis diante de seus senhores-patrões, muitas vezes se engajavam em atividades sexuais com fins diferentes. Por vezes, por dinheiro e/ou exploração, por outros, por prazer. A maior limitação colocada à sexualidade era de fato a maternidade, não porque esta era cultivada com grande cuidado sobre o corpo da gestante e, mais tarde, da criança, mas pelo contrário, a gravidez impunha o limite da gravidade, do medo da morte que pairava sobre os corpos no momento do parto.

Em uma série de discussões sobre como se davam as práticas sexuais na classe trabalhadora, autores como Engels, Kolontai[74] e Federici, localizam uma maior entrega aos prazeres da carne, posto que a transmissão de herança não é

---

[74] Kolontai (2011).

algo que guia as relações heterossexuais nas camadas mais baixas. Tampouco o matrimônio e a monogamia figuram em lugar de alta estima, são invenções caras à burguesia e à manutenção desta.

Além de um possível estorvo financeiro, gerar e parir significavam pôr em risco a integridade física de uma mulher. Foi preciso inventar a mãe enquanto desejosa de ocupar este lugar, mas não sem antes garantir algo em termos da saúde da mãe e da criança. A mulher enquanto principal responsável pelos cuidados dirigidos à criança é a resposta criada pela demanda Estatal por corpos úteis para a sociedade.

Por um lado, colocar o cuidado nesses termos pode soar cínico, mas é justamente disso que se trata a visão utilitária e mercantil que o sistema econômico prevalente demanda: impedir qualquer crítica às instituições que romantizam a infância e sua defesa. Não é à toa que dentre os discursos que mais mobilizam as propagandas fascistas, a defesa de um certo ideal de infância tenha tanta adesão.

A infância, ou nossa acepção de que uma criança não é um adulto pequeno, mas um sujeito em formação dependente de uma série de investimentos para um desenvolvimento sadio (para se tornar um adulto útil), e que merece ter também o direito a esta chamada infância, é algo relativamente recente.

Uma vez estabelecida tal noção, essa serviu bem aos setores reacionários. Há muito ficou claro como as ameaças à infância tem o poder de angariar massas.[75] A hipótese por detrás desse fato diz dos afetos e das fantasias dos sujeitos adultos em relação ao passado, onde supostamente se experimentou os privilégios do narcisismo primário, ou seja, para-além dos processos de constituição, o sujeito crê, de fato, ter ocupado o lugar de *sua majestade, o neném.*

---

[75] Safatle; Silva Jr.; Dunker (2020).

Essa é uma crença tão intensa, que até mesmo dentre os neuróticos que duvidam ter logrado as delícias da infância, tal como bem exemplifica Freud, citando as crianças que demandam por mais leite materno ou queixam-se de que não mamaram o suficiente, há os que se prontificam enquanto os defensores das pobres criancinhas, talvez para compensação tardia.

De fato, é significativo que a criança, em seu narcisismo infantil, aceda à posição de majestade, como a cantiga de época, posto que para haver um sujeito, é preciso um adulto que o suponha onde ele ainda não está.[76] É preciso um adulto que invista libidinalmente em uma criança e que a introduza na linguagem e no circuito do desejo.

Que este adulto *tenha* que ser a mãe, ou como prefere Lacan, que alguém *tenha* que assumir a *função materna*, já diz de um traço da cultura em que a mãe é locus da erótica higienista da psicanálise. Mãe é quem cuida e isso quase sempre coincide com uma mulher, mas não qualquer mulher, uma que gestou e viu num pedacinho de carne inteiramente dependente um sujeito onde investir seu afeto.

No livro *Reinvenção da intimidade*, Dunker[77] discorre sobre um episódio em sua clínica em que, uma analisanda diz romper com seu noivo, uma vez que descobre que ele agredira o cachorro dela. Para o psicanalista, nossos afetos em relação aos animais de estimação não diferem muito dos que os humanos, em geral, possuem em relação às crianças e bebês, posto que todo adulto já fora criança e bebê, seres frágeis, passivos e dependentes, quando não em contato com animais de estimação já na primeira infância.

Uma violência dirigida a um ser tão vulnerável e desprotegido, evoca algo do narcisismo primário, da defesa da

[76] Freud ([1914a] 1996).

[77] Dunker (2017).

criança que uma vez existiu – algo que talvez se faça presente até mesmo nas elaborações de Simone de Beauvoir sobre a socialização das mulheres na infância, em que estas se veem em posição desfavorável tão logo este momento mágico é superado. Mas há mais em jogo nas sociedades capitalistas e que só pode ser mobilizado através de propagandas que moldam nossos afetos e respostas.

Há, primeiro, um casamento entre os discursos da ciência e do capitalismo que promovem, sob o verniz da evolução, que a maternidade e a família nuclear composta pela tríade pai-mãe-bebê, em que a mãe é também a principal cuidadora da família, enquanto o pai o principal provedor – ou seja, há a mão de obra para a sociedade e a *mãe de obra* em casa –, seriam o resultado final e refinado das possibilidades de parentesco e de laço afetivo-sexual.

Recai, também, sobre este entendimento um dispositivo moral, assegurado pelas religiões monoteístas, e mais explicitamente no Ocidente pelo Cristianismo, que a família é um projeto de Deus e que é preciso garantir a sua manifestação dentro de determinada gramática.

É mister questionar a quem serve esta fantasmagoria sobre a família. Se permitido um exemplo, a primeira-ministra Margareth Thatcher, em seu desmonte liberal, bradou que não haveria sociedade, mas famílias.[78] Essa depuração da vida social aos ímpetos individuais serve à lógica capitalista de desmobilização das massas e manutenção do regime.

O liberalismo em pouco ou nada difere do fascismo, posto que a racionalidade exigida pelos ideais burgueses culmina na barbárie.[79] A família tem papel crucial na manutenção de certa tipificação do laço social generificado, com papéis sociais rígidos e otimizados para alimentar o sistema.

---

[78] Safatle; Silva Jr.; Dunker (2020).

[79] Safatle; Silva Jr.; Dunker (2020).

Ainda que os semblantes da cultura mudem, proliferem e flexibilizem, os direitos conquistados pelas mulheres nunca estão de fato assegurados, uma vez que a cada guinada à direita estes são postos em xeque.[80] Talvez não seja à toa a importância dada à família durante o nazismo, e à maternidade em geral em tempos de austeridade.

Na própria URSS, o mesmo regime que fora pioneiro nos direitos das mulheres, sendo o primeiro a implementar o direito ao voto, ao divórcio e ao aborto, sob a liderança de Stalin teve o direito ao aborto suspenso e uma forte campanha de incentivo à maternidade.[81] Isso se devia não só por um interesse natal, mas também de desonerar o Estado das despesas que este havia acumulado após a Revolução, em que uma das diretrizes pela real igualdade entre homens e mulheres visava libertar as mulheres do serviço doméstico. O trabalho de cuidado seria transferido para o Estado através das creches, orfanatos, restaurantes e lavanderias comunitárias. Uma vez que o Estado experimentou os altos custos de tais tarefas, voltou a transferi-las para as mulheres, de modo a impulsionar a economia. Ou seja, pode-se acrescentar que não se trata tão somente de guinadas à direita, mas de qualquer política que coloque a economia acima dos direitos coletivos ou que vise a um fim, reduzindo homens e mulheres a meros instrumentos para tal.

Não se trata aqui de propor um falso paralelismo entre regimes ditos totalitários. No caso do nazismo, a intensificação dos processos de defesa do familiarismo é condição necessária para a manutenção do regime. Ao passo que, no stalinismo, há algo que surge como contradição contingente sob o argumento estratégico de que, para criar as condições para a emancipação das mulheres,

---

[80] Beauvoir ([1949] 2016).

[81] Goldman (2014).

era preciso emancipar a classe trabalhadora. As mulheres e o trabalho de cuidado não remunerado desempenhado por elas seriam cruciais para a manutenção da classe trabalhadora na luta de classes.

Não obstante, cada guinada à direita atesta o ressurgimento de discursos conservadores sobre a família, a religião e os costumes. A necessidade de proteger as crianças da degenerescência serve de argumento contra as políticas sexuais emancipatórias, tanto em termos de vivências no campo da sexualidade quanto na possível ascensão social e econômica de mulheres, homossexuais e todas as sexualidades e gêneros "desviantes".

Um enaltecimento da figura materna é por vezes revestido de um pretenso cientificismo neurossexista, que busca fixar a ideia de que o amor materno é correspondente à evolução da espécie. A própria necessidade de reiteração do suposto "instinto materno" já é indício para o que há de ideológico na categoria "mãe" e de como esse "amor incondicional" opera na manutenção do status quo de uma sociedade que se organiza a partir da família – o que, por sua vez, elege também a neurose como a situação psicológica derivada e mais bem adaptada às exigências sociais, apesar de todo o sofrimento que a acompanha.

São a família, o autoritarismo paterno, e toda uma expectativa de sexualidade limpa e proba alicerçadas a uma educação e arranjo familiar os responsáveis pelos adoecimentos subjetivos de época.[82] Essa é uma astúcia da sociedade capitalista em produzir os corpos dos quais precisa, bem como a condição psicológica desses corpos: corpos que se submetam voluntariamente à opressão, à reprodução, à exploração e ao consumo.

[82] Gross *et al.* (2017).

A mãe branca e a mãe preta: restos e a situação brasileira

O lugar da mãe na psicanálise freudiana é, de fato, inegável. Tanto no sentido em que se faz gritante e consistente quanto da hereditariedade. A paternidade, por sua vez, é sempre suspeita, quando não, ausente. Mas há ainda outra figura que é foracluída da enunciação de Freud: a babá.

Para além daquilo que há de mais psicotizante na ideia de que "Mãe só há uma", as babás são uma constante nos casos clínicos freudianos, ainda que ele não se debruce diretamente sobre essas figuras. Por exemplo, Freud atendeu a algumas babás e mulheres que se prestaram aos cuidados de crianças, bem como ouviu de seus pacientes suas histórias infantis, em que as babás eram fortemente investidas de sentimentos hostis e/ou afetuosos.

Dentre as muitas questões levantadas por Mariza Corrêa[83] em seu artigo "A babá de Freud e outras babás", a que primeiro salta aos olhos do leitor é a centralidade da família burguesa como objeto das investigações de Freud e da generalização e universalização a-histórica desse modelo. Por um lado, há limites nas tentativas de transposição da psicanálise freudiana para diferentes contextos, como bem indagam a antropologia e as perspectivas decoloniais, criticando inclusive seu eurocentrismo em sua compreensão de sociedades nomeadas como primitivas, arcaicas, protossociais, etc. Por outro, é preciso ultrapassar a ideia de que há apenas uma possibilidade de se vivenciar o romance familiar, para além do que se impõe como modelo funcional de família e para além das pregnâncias imaginárias papai-mamãe-bebê.

Perguntas a respeito da universalidade do inconsciente e da aplicabilidade da clínica e técnica freudiana em outras

[83] Corrêa (2007).

culturas foram, e continuam sendo, formuladas. Seguindo por outra via de discussão, talvez seja interessante retomar as produções brasileiras de Lélia Gonzalez e Neusa Souza Santos sobre algo muito particular do contexto brasileiro: a raça.

Tomando o Brasil em suas particularidades, caberia falar sobre a moral vitoriana aqui? Até a acanhada burguesia nos tristes trópicos pode mais do que parodiar a ideia que se possui(a?) de Europa.

Ciente disto, Machado de Assis,[84] em uma ironia fina e sutil, zomba da pequenez da colônia brasileira emancipada nas mãos de um português. O escritor negro, narra em primeira pessoa o romance de *Dom Casmurro*, convidando o leitor às reminiscências de Bentinho, um herdeiro com grande potencial e pouca execução profética, um personagem carola, agarrado às saias de mamãe e para sempre ligado à primeira namorada. Uma figura muito querida no Brasil, apesar de seu ridículo.[85]

Em *Quincas Borba*,[86] o leitor acompanha o ingênuo mineiro Rubião cair nas graças de seu amigo pulha, o Palha. O protagonista é apresentado também como um herdeiro de bens, posto que, ao que parece, é a única transmissão no Brasil Colônia. Em seu bovarismo borbarista,[87] Rubião, ansioso de pertencer de fato à classe, se expõe a toda sorte de parasitas da alta sociedade, e perde tudo, até sua sanidade. De tanto querer ser outra coisa (que brasileiro), Rubião passa a Luís Napoleão Bonaparte III, na derrocada.

Se por um lado o modelo de família nuclear brasileiro foi importado da Europa, por outro, ele traz consigo a marca da vergonha nacional e de seu atraso: o escravagismo. O mais

---

[84] Assis ([1959] 1997).

[85] Schwarz ([1990] 2000).

[86] Assis ([1959] 1997).

[87] Kehl (2018).

próximo que se há de convir de uma burguesia provinciana e atrasada no Brasil é a família branca e a babá, negra.

O que podemos dizer sobre a vergonha é que esta marca um ponto de gozo,[88] neste caso de satisfação ambígua junto à ruína de um semblante que o Novo Mundo então buscava sustentar. Dentre as muitas idiossincrasias brasileiras, a vinda da Corte ao Brasil no processo de invasão e territorialização, fez com que a ascendente aristocracia brasileira se identificasse, ou delirasse, com a Europa moderna. Esse querer fazer de si outra coisa que não colônia, não traz em si nenhum prejuízo; o problema se encerra nos muitos golpes que o país infere contra si mesmo: são falsos sua independência, sua Revolução de 64, seu impeachment inconstitucional.

Ainda que muitos brasileiros não cometam, publicamente, gafes delirantes e discriminatórias, como fez o então presidente argentino Alberto Fernández,[89] a vergonha nacional é ocultada sob o manto da miscigenação racial. Uma cordial suruba entre as mulheres indígenas que tiveram suas terras invadidas e saqueadas, as mulheres negras sequestradas e escravizadas, e os homens brancos europeus que trouxeram a civilização na forma de estupro, violência, doença e religião para os "povos selvagens". Ainda assim, se a paternidade normalmente é suposta, aqui é enaltecida pelos descendentes de italianos, espanhóis, alemães e por aí vai.

Nas tentativas de construção do brasileiro como uma série de recortes de povos, raças e nacionalidades, mais ou menos reconhecidas, têm-se as fotografias de família atuando de modo a forjar uma identidade nacional.[90]

---

[88] Lacan ([1969-1970] 2007).

[89] "Os mexicanos vieram dos índios, os brasileiros saíram da selva, mas nós, os argentinos, chegamos de barcos. E eram barcos que vieram de lá, da Europa."

[90] Kehl (2018).

Mas há mais que isso em jogo, a fotografia também faz parte da constituição dos modelos de feminilidades[91] a serem (foto)copiados.

Clara Ratton[92] comenta como a fotografia pode lançar o sujeito ao império das imagens, o reconhecimento apraz de si naquilo que é retratado, ou a um ponto de estranhamento e de angústia. Ao dissecar a obra da artista Nan Goldin e seu inquietante álbum de família, em que se encontram as fotos de seus pais e de sua *chosen family*, a grosso modo, seus amigos. Há algo de infamiliar em sua antifotografia[93] que anima e desconcerta o espectador. Não obstante, seu álbum de família carrega este ponto de infamiliaridade, causando estranhamento naqueles que se deparam com sua balada.

Os retratos de família no Brasil da segunda metade do século XIX eram uma constante, um sinal de distinção econômica e social, bem como um registro daquilo que deveria ser mostrado e apagado.[94] Essas fotografias íntimas e ensaiadas, não motivadas por expectativas artísticas e de difícil execução, capturavam também as amas de leite negras, as babás escravas sustentando no colo as crianças brancas de seus senhores.

Aos poucos, essa figura foi desvanecendo das fotografias, não apenas por um processo de branqueamento da população, encabeçado primeiro pela Corte e depois pelo Estado, mas também por ser o símbolo maior do atraso luso-brasileiro.

> Até aproximadamente 1880, as fotos captavam as crianças em composições na moda internacional da época; somente que, no Brasil, o típico quadro europeu da mãe segurando a criança junto ao rosto era substituída pela babá negra ocupando esse lugar. [...] Contudo, em

[91] Sontag (2004).

[92] Ratton (2021).

[93] Nan Goldin (2013).

[94] Côrrea (2007).

> torno de 1880, diz a autora, as composições revelam a progressiva intenção de ocultar a figura da ama negra que, ainda assim, necessariamente, continua a sustentar o bebê no seu colo para este poder ser fotografado, e "as amas negras passam a existir nas fotografias como rastros: uma mão, um punho, até serem completamente banidas das imagens"; "a princípio mostrada com orgulho, de rosto inteiro, depois escondida, em segundo plano, desfocada e retocada, até ser completamente retirada do quadro nacional".[95]

É a vergonha que acompanha até hoje as famílias brasileiras, como bem situa Anna Muylaert em seu filme *Que horas ela volta?*, através de uma fotografia da babá ao fundo, desfocada, com seu uniforme invisível. A babá está sempre lá, no que não pode ser visto, que deve ser velado com todo pudor.

Não se trata de fazer uma análise moral sobre outrem cuidando de uma criança para além dos genitores, e principalmente da mãe, mas de uma análise política e crítica dos sistemas de exploração patriarcal, racista e colonial promovidos pelo capitalismo. A vergonha do Novo Mundo não se traduz em *mea-culpa*, "minha máxima culpa", do tipo que nada expia e é produzida sobre os indivíduos, mas a vergonha de não sustentar o semblante de que *viemos dos barcos, que somos descendentes de europeus, que somos um povo alegre e amistoso – somos violentos.*

A babá negra é uma figura tão ambígua que vale meditar na própria relação estabelecida com a criança. Há laços ternos e econômicos, há hierarquias de idade, ao mesmo tempo que há de classe e de raça. É transmitido à criança que com a babá as negociatas se dão de modo diferenciado, ela não a pune ou a castiga fisicamente, este é um direito da mãe. Há certa permissividade dentre estas relações que, por um lado,

---

[95] Deiab (2005, p. 36).

mostram-se muito afetuosas, por outras, um tanto ressentidas: a babá que vai embora, a babá que está onde a mãe se ausenta.

Lélia Gonzalez[96] discorre sobre como o brasileiro constrói uma imagem de si que afasta toda a possibilidade de entender como ele é atravessado pelo racismo, como se até a escravidão no Brasil fosse um pouco melhor quando comparada a outros lugares. Lélia mesmo fora "convidada", ainda muito criança, para ser babá de crianças brancas.[97] Sua recusa, e as condições simbólicas e materiais para tal recusa, lhe abriram outros caminhos para sua teoria crítica.

A também psicanalista Neusa Sousa Santos[98] descreve como a constituição egoica deveria levar em conta a questão da raça como marcador social, e seus efeitos imaginários no sujeito. Considerando o modo como as relações entre brancos e negros se dá, na maioria das vezes no Brasil, por relações notoriamente comerciais e de subalternidade, pode ser interessante questionar, assim como faz a personagem de Viola Davis no filme *Vidas cruzadas*, como as crianças criadas por babás se tornam tão distantes destas?

Atentando que é a infância o período de constituição egoica e dos processos de identificação e de incorporação, poderiam outros aspectos ideológicos, para além dos de gênero, como os de raça e de classe, serem constituintes? E mais, seriam alguns destes traços mais assimiláveis que outros? Estariam alguns mais sujeitos ao embranquecimento?

Muito antes de Butler[99] debater como os processos de norma e abjeção se fariam presentes na constituição do sujeito generificado, ainda que sem se restringir tão somente

---

96 Gonzalez (1983).

97 Emicida (2020).

98 Santos (1983).

99 Butler ([1990] 2010).

a isso,[100] numa teoria que linka os processos de identificação e de incorporação com o modo como a cultura subjetiva os corpos delimitando o que pode ou não advir, a psicanalista Neusa Sousa Santos, em 1983, pensava a raça junto à teoria da ideologia de Althusser e seus efeitos constitutivos e melancólicos.

De fato, talvez nunca tenha sido feito um luto pela vida dos corpos que foram escravizados, tampouco se assumiu no Brasil uma posição melancólica, de repreensão de si mesma, de culpabilização, ou o que for. Se a escravidão e suas consequências tardias são a grande vergonha nacional, cabe perguntar sobre os modos que os brasileiros se identificam. Há apenas a identificação de povo mestiço, misturado, que não precisa se preocupar com o racismo. Como defesa contra a vergonha, a denegação fetichista de uma identificação que aparece como um postiço: sabe-se muito bem quem é a mãe e quem é a mãe-preta.

É necessário depurar melhor a categoria Mãe para expor como esta se tornou um conceito guarda-chuva, que abarca uma série de correlações que se querem causais, mas não o são. Recuperar a figura da babá de Freud é algo que não pode ser realizado ignorando as marcas de violência histórica do caso Brasil, que tem nas camadas mais baixas de estratificação social pessoas racializadas como pretas. Além da incontestável violência produzida pelo Capital de gerar riqueza para alguns e miséria para muitos, este também produz outras violências para otimizar seus processos de acúmulo: como as de raça e de gênero.

O trabalho das babás não é um trabalho precário em si, mas precarizado. Ele é denegado porque revela também

---

[100] Butler ([1993] 2001). A autora não entende o gênero como predominante ou anterior aos demais processos de subjetivação dos corpos.

como há uma falsa continuidade que assumimos de forma romântica sobre o que seria a Mãe. O genitor, o cuidador, aquele que se presta a fazer a função materna, aquele capaz de um desejo não anônimo sobre o bebê, e aquele que se nomeia de fato como responsável pela criança, raramente encontram um só corpo. Mãe só há uma? Só para as fantasias neuróticas de onipotência infantil, quando não para as fantasias de totalidade do Outro materno como aquele que ocupa lugar de falo para o bebê.

O que pode ser extraído deste capítulo, diz respeito às leituras que produzimos sobre os corpos de acordo com as suas supostas capacidades, enquanto produtivos para a acumulação primitiva e ordenados dentro de uma estrutura que busca sua repetição. Há uma tentativa de escrever certo *continuum* entre a menina, a mulher e a mãe, em que alguns particulares podem oferecer algum tipo de quebra ou inadequação ao que se pretende linear; contudo é o sexual, enquanto singular e insubmisso, e que as imposições sociais procuram adestrar, que pode de fato se opor às pretensas universalidades.[101] É preciso questionar o que há de ético no cuidado e o que é imposição moral generificada, posto que forçar goela abaixo esse *continuum* menina-mulher-mãe não justifica que isso funcione. *Haveria assentimento a nível inconsciente com uma normatividade social que oprime as mulheres?*

---

[101] Moreira (2021).

Capítulo 2

"A mulher sábia edifica a sua casa"

Uma vez feita a exposição dos modos como se confundem, na teoria freudiana, e também na sociedade moderna – que é a nossa –, as noções sobre o que seriam a mãe, a mulher e a menina, e que, por consequência atrelam desde cedo o cuidado ao feminino, é mister seguir em frente para considerar as questões morais que sustentam tal premissa.

Tal confusão não se dá sem motivos. Enquanto no masculino há algo que dá consistência corpórea ao sujeito nos seus modos de interpretar a anatomia, mas que nem por isso significa um casamento fácil entre as palavras e o corpo,[102] no feminino há uma inconsistência que faz da lógica fálica, falha.

É por tomar o falo como parâmetro para se cogitar a feminilidade que Freud dá de cara com o rochedo da castração. O que o analista nomeia como impasse final ao feminino, que pode ser grosseiramente resumido como a inveja do pênis enquanto ponto incontornável no tratamento analítico, diz mais sobre os limites que o feminino impõe à psicogênese na teoria freudiana.

Essa busca pelo estatuto originário do aparelho psíquico se faz presente nos modos como Freud passa a se servir do mito edípico para pensar os complexos de Édipo e de castração,

---

[102] Fuentes (2012).

como formas de conceber o sujeito dentro de estruturas (neurose, psicose e perversão) e pertencente a um sexo.[103]

Os mitos de Édipo e do Pai da Horda se relacionam de maneira a elevar o pai, e sua deposição, como ordenador da neurose e do laço social. Significa que, a teoria freudiana resvala no mito do patriarcado segundo sua função de dispor os corpos por hierarquia e por gênero, ao mesmo tempo que estabelece limites que permitam o laço social, pelos tabus do incesto e do assassinato.

Por contrapartida, não há mito do matriarcado forte o suficiente para operar como ordenador social. O pai alcança um lugar tanto de ideal quanto de exceção; portanto, há no masculino a transmissão de uma identidade Homem e fundação de um conjunto em que todos são iguais, salvo a heterogeneidade de seus gozos.

Ao passo que, no feminino, não há uma identidade Mulher ou um grupo fechado que partilha dessa identidade a ponto de se diferenciar de outro particular. É do primado do falo no inconsciente – este que reconhece que só há presença ou ausência de pênis, logo um só sexo –, que Lacan irá extrair as consequências para postular que "A mulher não existe".[104] Ou seja, não existe algo capaz de determinar o que é a Mulher: não há nada da ordem do necessário, nem forte o suficiente para fazê-lo. Ao passo que sobre a identidade Homem e a ordenação a partir da figura do pai, é válido dizer que, ainda que sejam fortes o suficiente, não são necessárias: a psicanálise é uma teoria do *a posteriori*, contrária à determinação.

Dada a inexistência de um significante que designe a Mulher no inconsciente, a figura da Mãe é comumente evocada, uma vez que a categoria se tornou ideológica o suficiente a ponto de imaginariamente ser bem-sucedida

[103] Van Haute; Geyskens (2016).

[104] Lacan ([1971] 2009, p. 69).

em obliterar aquilo que no feminino é ausência. Tornar-se mãe é tão o destino da feminilidade dita normal que isto perpassa os entendimentos de Freud. O psicanalista chega a declarar que um casamento não está totalmente seguro até que uma mulher atue, numa parceria amorosa cisheterossexual, como a mãe de seu parceiro. O que é gozado, com licença do trocadilho, nessa proposta, é que ela é feita pelo mesmo autor interessado em pensar a família como o lugar da implantação do sexual e do tabu do incesto.

O que seria este portar-se como mãe para com o seu parceiro? Como isso seria reproduzido pelos casais enquanto modo de sustentar uma parceria? E quais os efeitos psíquicos dessa confusão mulher-mãe na vida sexual de adultos submetidos ao tabu do incesto? O quão contraditória é a proposta freudiana? Como fica a questão sexual, uma vez que o objeto de amor se assemelha demais ao objeto interditado?

Este portar-se como mãe, a princípio, pareceu remeter ao cuidado, uma vez que é a mãe que a partir da modernidade é designada e atuante enquanto a cuidadora primária de seus filhos. Este cuidado vai tanto de suprir a criança de suas necessidades básicas quanto de inseri-la no desejo. É um cuidado do qual não se pode prescindir, seja ele feito por quem for, nos processos de subjetivação de um bebê.

Seria essa então a ideia de Freud: restaurar os tempos de completude de uma situação primordial? Não. Esse tomar um homem como seu filho diz das formas dispostas enquanto os destinos permitidos de realização da feminilidade. Essas mulheres seriam tanto marcadas pelo menos da falta fálica, ao mesmo tempo que teriam de sustentar algo do laço, enquanto os homens conservam algo do infantil. As mulheres se realizariam através do falo-bebê, que seria o filho homem, ou de seus maridos, falos-homens ou, porque não, homens-bebês.

O mesmo não seria feito através de uma filha, posto que esta também teria de renunciar de sua agressividade, tal como exigia a moral sexual da época. Estas, filha e mãe, impedidas de fato se realizarem como o homem que um dia idealizaram ser, tem por prêmio de consolação ter um homem e fazer dele seu ideal, enquanto se ressentem mutuamente por dividirem a mesma condição de falta fálica.

É por esse "se valer do outro como falo" que Freud[105] irá defender que as escolhas de objeto feitas pelas mulheres são do tipo narcísico. Ou seja, o enamoramento caminha em direção ao seu ideal de Eu, ao passo que, nos homens, a escolha seria mais sofisticada, de tipo anaclítico, em que o sujeito ama no objeto os traços que encontra de seu pai, e principalmente, da mãe.

Ainda que o cuidado seja repetidamente ligado às formas como se compreende a maternagem, ele não está restrito a isso. Há uma interdependência entre os corpos que faz do cuidado algo parte do cotidiano, das políticas públicas, do controle social, e das formas diversas de manifestação de afeto, ainda que estas últimas não consigam dar conta de tudo que é o cuidado.[106]

O fato é que o cuidado exige investimento no objeto, a favor do objeto, e em parte é essa a solução mágica proposta como cura do mal-estar feminino. Cura essa que também se vê etimologicamente confundida com cuidado, posto que não é possível ser curado sem ser cuidado, e nem se curar sem se cuidar. Talvez seja este também um destaque na teoria psicanalítica, em que é o analista que aos poucos passa ao objeto, não para convocar que o outro cuide dele, o deseje, ou se angustie, mas para que o analisando compareça como sujeito e possa, assim, se curar.

Há uma afinidade entre o feminino e a psicanálise nesse "ocupar a posição de objeto". Porém, um analista, caso estabeleça

---

105 Freud ([1914a] 1996).

106 No livro *O ponto zero da revolução*, Federici (2019) critica os modos como os autores como Negri se referem às políticas de afeto, reduzindo o cuidado às boas maneiras civilizadas.

alguma parceria na clínica, o faz como um do qual o sujeito pode se servir para autorizar-se de si mesmo, ou para oferecer um outro Outro ao analisando. Ou seja, interessa ao analista que o sujeito deseje, e não que o sujeito o deseje – tal como fazem algumas mulheres em seu bancar o objeto e em suas concessões a favor do objeto na parceria amorosa.

É claro que essas concessões não precisam se dar imediatamente através do cuidado. Esse ocupar o lugar de objeto é um indicativo de que, na dialética do desejo, é o falo que está em jogo. Já a concessão feminina, tal qual descreve o psicanalista, tem a sombra da moral civilizatória de sua época. Contudo essa época não está distante a ponto de jogar sua formulação por terra. Nesta seção, interessam as questões morais e éticas em relação ao cuidado, e de como há algo do discurso religioso que orienta como este deve ser feito e mais, feito por mulheres.

Importam aqui o familiarismo na psicanálise, e tecer distinções entre a servidão voluntária e a submissão feminina. A forma como estas se relacionam com os masoquismos feminino e moral. O que há de comum no desamparo, na angústia e no cuidado; e o modo como deste último pode advir algum sofrimento psíquico, haja vista o fato de que muitas das pacientes de Freud em seu Estudos sobre a Histeria de 1895 estavam cuidando de outrem no momento em que adoeceram. Vale adiantar que é a moral sobre o cuidado, sustentada inclusive pelos responsáveis pelo esclarecimento das massas, e não o cuidado em si, a fonte de sofrimento psíquico.

Mas e a família?

Os estudos feministas há tempos levantam a questão sobre a dimensão ética por detrás do cuidado. Ética que importa para fins de superação da mentalidade individualista e que aponta para a interdependência entre os corpos. Há um ponto de convergência entre a situação de desamparo, tanto primordial quanto contingente, e inevitável, e a necessidade humana de experienciar, pelo menos de forma passiva, o cuidado.

Mas não se trata tão somente de um cuidado que garanta algo da vida sana,[107] da mera sobrevivência do bebê e, em larga medida, da própria espécie. Este cuidado precisa estar imbuído de um desejo que não seja anônimo, particularizado e que, no corpo a corpo, algo seja transmitido: *quem sabe o mal-entendido entre o bebê e aquele que o interpreta?*

Este talvez seja um ponto que mereça maior consideração: o da família como local de transmissão e de emergência de um sujeito. Ainda que se estime, e muito, os animais domésticos de pequeno, médio e grande porte na convivência entre espécies, um cachorrinho não tem outro devir que senão o de tornar-se cachorrinho,[108] ainda que com os supostos instintos amansados pela aprendizagem por reforço e punição.

Já a criança humana, por sua vez, depende de um passo além dos esquemas comportamentais de aprendizagem para sua emergência enquanto sujeito: é mister um Outro que a interprete para que ela também se desenvolva como intérprete não da necessidade, mas do desejo do Outro. Reduzir um sujeito à sua condição de necessidade é também retirá-lo de sua humanidade.[109] Enquanto seres de linguagem, há um limite na comunicabilidade, de forma que o laço social se dá por evocação.[110] Para além de transmitir algum conteúdo, evoca-se uma resposta do outro: falar é também demandar. *Che vuoi?* O que você quer (de mim)?

A família, em seu papel de transmissão e de emergência de um sujeito, é o primeiro local em que o sujeito será engendrado na linguagem do desejo. Enquanto produtora de

---

[107] Laia (2008).

[108] Iaconelli (2021).

[109] Lacan ([1959-1960] 2008).

[110] Lacan ([1964] 2008).

neuroses, facilita um certo tipo de laço social organizado em torno do parentesco, da diferença sexual, e porque não dizer, da culpa. Tal fato de forma alguma exclui as considerações sobre como as famílias também se modificaram ao longo dos anos. A própria psicanálise emergiu em um momento em que a figura do pai declinava enquanto autoridade, para dar então lugar à imagem do pai amoroso.

Seja qual for o imaginário social que vigore, não se trata de olhar para o passado com certa nostalgia, tampouco crer que os dias de hoje são melhores, e de sonhar idilicamente que a figura austera do pai se converteu, como na Bíblia, na do pai amoroso.[111]

Apesar de tal modificação já ser também um índice do declínio da imago paterna e da centralidade do falo no laço social, haveria, para Lacan, algo do modelo tradicional de família que vingaria frente às tentativas de relativização deste. De modo que, de encontro com discussões sobre um horizonte pedagógico mais flexível em termos de relacionalidade dentro do núcleo familiar e das instituições em seu entorno, como a própria escola, era compreendido pelo analista como uma resposta a períodos de intensa vigília e personalismo na política.

Em "Nota sobre a criança",[112] as formas libertárias de educação de crianças e as tentativas de mudar uma estrutura piramidal, fazendo valer a horizontal, fazem parte de um movimento cíclico. Logo, Lacan demonstra possuir uma visão conservadora da história, posto que a toma como repetição. Não se trata puramente de ir da tragédia à farsa, mas repetir no sentido de que algumas aspirações seriam por demais idealistas para dar conta do que haveria de irredutível e residual na organização familiar.

---

[111] Soler (2005).

[112] Lacan ([1969] 2003).

Ou seja, para o psicanalista, as utopias comunitárias não são mais do que o retorno do que fracassou/irá fracassar, e mais, são utopias que precedem, ou sucedem, períodos de grande conservadorismo, ou o retorno do pior.

Afinal, a proliferação de semblantes e o declínio da ordenação fálica na estrutura familiar, cujas posições hierárquicas e generificadas organizam imaginariamente um certo modo de pacto civilizatório, podem convergir com o surgimento de uma zona de anomia.

Para autores conservadores, quando as convenções tácitas não mais operam, levando os sujeitos a uma situação de desamparo e de sofrimento de indeterminação, onde não mais existem as coordenadas de reconhecimento que antes se serviam, abre-se espaço para uma mudança violenta e muitas vezes arcaica na forma de nacionalismos, figuras hipermasculinizadas e ameaças à democracia.

Essa grande virada frente às propostas libertárias e não hierárquicas em relação à educação, ordem familiar, sexualidade e à própria sociedade, a saber, do retorno do pai tirano onde há desordem sexual, serve-se de uma grande paranoia experimentada pelas formas de vida privilegiadas.

Se for permitido um exemplo (dessa paranoia) do caso Brasil, vale a pena citar o Estado de contrarrevolução permanente que o país mantém contra o comunismo,[113] e que agora se posiciona contrário também à "ideologia de gênero", em nome da moral e dos bons costumes, ou seja, da família no formato papai-mamãe-bebê.

Os que afirmam que existe uma "ideologia de gênero" o fazem em defesa de um modelo específico de reprodução que só poderia se dar pela parceria cisheteromonogâmica, dentro da instituição casamento, e reconhecida pelo Estado. Qualquer família que comporte outro tipo de parceria entre

[113] Safatle (2017).

pessoas do mesmo sexo, entre mais de duas pessoas, fora de uma suposta correspondência anatômica às expectativas de gênero e reprodução desta norma, diria de um projeto ideológico – o risível é que, quando ligado ao sexual, o esclarecimento é acusado de ideológico e nefasto.

Apesar da psicanálise admitir que pesam mais as funções materna e paterna do que o pai e a mãe, ao que tudo indica, há uma centralidade do par conjugal na psicanálise que nos impulsiona estudar qual seria a função residual e irredutível da família conjugal. Residual no sentido que é com os restos e dejetos que aqueles na função de genitores irão se haver e irredutível como necessário à experiência, o que, na reprodução dita natural, a princípio, pressupõe os binários homem-mulher, pênis-vagina, provedor-cuidadora.

É de suma importância aquilo que fica como resto e como irredutível nessa experiência,[114] uma vez que há também um acontecimento de corpo na diz-menção do nascimento dos bebês. Que as mães possam ser nada mais que poedeiras,[115] não se trata da mera administração dos cuidados e da saúde, mas de um desejo que só pode ser levado a cabo pelas nomeações "sou mãe" ou "sou pai" e pela responsabilização com a lida da criança, no exercício das funções materna e paterna, e estas não dizem *propriamente* dos cuidados.

É preciso que exista *aomenosum* corpo que se ofereça para o bebê como presença e ausência, como alienação e separação. Daí talvez a questão a ser colocada também ao se pensar a família e o par conjugal. Se por um lado, entende-se nas formas mais "primitivas"[116] de reprodução que sejam necessários dois, o par cisheterossexual monogâmico, vale acrescentar que entre estes dois há o Outro social da lingua-

---

[114] Laia (2008).

[115] Soler (2005).

[116] Ressalto que primitivo aqui é o tipo de entendimento.

gem, que media as relações, ao mesmo tempo que "Onde não existe um terceiro, dois fazem unidade".[117] O próprio filho é aquele que poderia emergir para o casal como saída transcendental da prisão a dois.[118]

Ainda que Lacan e a psicanálise no geral façam um certo elogio à parceria amorosa, como aquela capaz de oferecer saídas ao sujeito da solidão do Um, como abertura ao Outro feminino, este, por sua inexistência, faz com que onde há dois exista unidade, daí a pressa de se passar do um ao três, ou do três ao quatro, do Outro social e do outro bebê.

Se o feminino, por sua inexistência, faz com que onde há dois exista unidade, é pelo *desejo de filho*, de passar do um (casal) ao três, que a mãe aparece em sua distinção: a mãe é fálica. Aquele que comparece com o seu desejo, e que na maior parte das vezes coincide com aquele que se nomeia como mãe, está do lado masculino, do *aomenosum* que toma o bebê como objeto de seu desejo, e não de seu gozo ou de sua indiferença. Ou seja, não o toma por completo por sua qualidade paradoxal de objeto residual que se desprende do corpo de quem o gesta, ao mesmo tempo que advém como outro irredutível, como o infamiliar que irrompe do par monogâmico.

> Afirmar a importância da família na "transmissão de uma constituição subjetiva" é um outro modo de dizer que é por adoção que uma família se forma, mesmo se não há factual e juridicamente nenhum membro desse grupo que tenha sido adotado. Portanto, um modo de verificarmos se há uma família é buscarmos o que pode indicar, num grupo que declara ser uma família, a transmissão de um desejo capaz de dizer o seu nome.[119]

---

[117] Kehl (2007, p. 69).

[118] Moreira *et al.* (2010).

[119] Laia (2008, p. 32).

Não se deve passar por isso de modo apressado. Afinal, nas diversas experiências comunitárias de família, algo da hierarquia por vezes surge. A título de exemplo, é possível trazer o documentário *Paris is burning*, e o modo como nos guetos homossexuais e de performances drag, muitas vezes surgem as figuras das mães como aquelas que ordenam algo do laço e dos afetos, e que ocupam o topo da pirâmide, devido às diferenças geracionais, financeiras, e inclusive em termos de acúmulos de experiência.

Em mais de um contexto de formação coletiva algo da família insiste. Seria uma coincidência os laços existentes dentro das máfias operarem em torno do paternalismo e da dívida? Aliás, as tentativas presentes nas corporações de aumentar o engajamento coletivo dos trabalhadores, ou a maior exploração destes, muitas vezes se dão sobre o discurso de que "aqui somos uma família"?

Ainda que o termo família prolifere e se desloque para muitos lugares, talvez como ideal impraticável, mas que ainda assim encontra seus tentáculos, é válido questionar o que haveria de irredutível e de residual na família de modo a superar o familiarismo presente na teoria psicanalítica. Este tem por função moral a própria despolitização do termo e naturalização de certos lugares segundo a mitologia cristã: acreditar que a família é o Bem levou inclusive a psicanálise ao pior, e às mais acertadas críticas.[120]

Ao tomar o *Seminário VII* de Lacan por referência, talvez seja crível extrair novas e melhores consequências sobre a questão da família, uma vez que neste ele se dedicou à questão da ética da psicanálise. Por um lado, Lacan varre a psicanálise de qualquer moralismo, uma vez que estes se ligam aos anseios burgueses, ou seja, um Universal do Bem supremo tem por finalidade a culpa, o que, por sua vez, serve

[120] Butler (2003a).

à submissão dos corpos.[121] Por outro lado, não se trata da felicidade das futuras gerações. Notem bem que aqui Lacan demonstra que não há promessa futura, nem transmissão ou herança que o valha.

Esse é um ponto destacável posto que é também no mesmo seminário que ele se dedica ao mito de Antígona, um que se debruça especificamente sobre a questão da linhagem. De toda forma, qual seria então a questão ética, do ponto de vista psicanalítico, a ser colocada quando se trata da família, capaz de ultrapassar as imposições sociais que creem que o laço contingente entre pais, irmãos e filhos, seria necessário?

As teóricas feministas caminham para a discussão sobre a ética do cuidado salientando a vulnerabilidade dos corpos e a interdependência entre estes como alternativa ao capitalismo.[122] A psicanálise por sua vez diz de outra ética, a do desejo. O que estaria então em jogo? Se é preciso admitir que uma geração repõe a outra, então o cuidado das crianças é dever de todos. Contudo, apesar de relevante para todos, não significa que todos possam reclamar algum direito sobre a criança. Há um paradoxo e um lugar de exceção que encarna como pais aqueles que tomam a criança a partir de um desejo não anônimo, que se nomeiam como tal e que exercem algum corpo a corpo com ela.

A ética da psicanálise consiste em fazer do desejo, e não do gozo, um dever. É a família quem irá se ocupar de fazer do bebê, humano. Há, portanto, uma dupla condição de um sujeito que é nomeado e sustentado no laço social como responsável pela criança e que, ao mesmo tempo, precisa se autorizar de si e de alguns outros nessa lida: *quem vai se prestar ao advento de um outro?*

---

[121] Kehl (2004).

[122] Recomendo ver Demetri (2018).

Servidão voluntária para quem?

Entre as muitas descobertas de Freud, a da ambiguidade nas parcerias amorosas é certamente de onde se pode extrair as mais finas consequências. Afinal, o sujeito, em sua condição paradoxal de unidade dividida, seja do ponto de vista da estrutura, ou de um conflito que o acomete, pode também apresentar relações dúbias consigo mesmo e com os objetos que elege. Se dois corpos não podem ocupar o mesmo lugar, dois lugares podem ocupar o mesmo corpo.

Talvez resida aí, em parte, a confusão entre a mulher e a mãe, e até mesmo entre a mãe e o bebê. Para além do dispêndio energético e psíquico presente na empreitada de gestar um corpo e fazer dele um sujeito, há questões que remetem à atividade do cuidado como feminina: uma atividade passiva, a serviço de outrem, sem fins produtivos para si.

"A gente cria os filhos para o mundo", finalidade diferente de satisfazer a pulsão, até porque, não é para fins puramente natais ou de imposição social que as mulheres criam seus filhos. Seria cínico e parcial pôr nesses termos. Mas não há algo a mais, mas a menos, e que engendra o sujeito pela perda, de um corpo antes desprovido de autonomia, volição, autenticidade e agência, pré-discursivo e amorfo, que se desprende de outro corpo e se perde, aos poucos e no todo. Um corpo que sem cuidado pode morrer, um corpo que morre apesar.

A própria relação mãe-bebê é confusa entre os termos, posto que sua majestade está também totalmente à mercê deste outro que, não só pode amá-lo, mas destruí-lo. Caso o bebê não seja revestido por um brilho agalmático, de um interesse especial por aquele que cuida, ele é apenas o infamiliar, quando não o dejeto a ser expelido da cena. Daí a importância de investigar as questões psíquicas envolvidas no trabalho de cuidado, uma vez que quem cuida é também um todo-poderoso que pode tomar o corpo do bebê, do enfermo ou do velho como rebotalho e objeto de gozo, e não de desejo.

Longe das figuras de abnegação, castidade e mansidão que exigem o cristianismo, e as fantasias de totalidade infantil que povoam o imaginário dos neuróticos, aqueles que se prestam aos cuidados de outrem, ao objetificá-los, podem fazê-lo com toda a sua perversidade e agressividade, independentemente de sua estrutura psíquica. O traumatismo sexual a que Lacan se refere diz desses momentos iniciais de implantação do sexual que, por mais ternos e assépticos tenham sido tais cuidados, eles são mais tarde traduzidos como sedução ou abuso.

Há uma dimensão superegoica em relação aos trabalhos de cuidado que o toma pelo lado da moralidade. Aquelas que devem cuidar, cuidam estando a serviço do outro. Essa imposição opera de modo a dessexualizar o que há de substância gozante no cuidado. Um cuidar que é puro dever, sacrifício, abnegação e entrega, que tem a culpa como motor, faz do trabalho de cuidado uma servidão.

Cuidar e servir não se tratam de forma alguma da mesma coisa. Numa experiência analítica, por exemplo, o analista cuida do analisando na medida em que há um manejo de angústia durante o tratamento, feita pelo analista, para que o trabalho inconsciente seja viável. O que não significa, por outro lado, que o analista sirva o analisando, ou sirva lá para alguma coisa.[123]

A pergunta sobre a servitude é tão cínica quanto a pergunta sobre a utilidade. Servir diz também de se adequar, produzir e estar abaixo daquele ou daquilo a que se serve. Há uma hierarquia implícita de deveres e lugares que justifica a própria servidão. *Para que isso serve? A que isso serve? A quem isso serve?*

---

[123] O que será comentado no quarto capítulo.

Vale então se atentar para os modos como a própria filosofia se deu ao trabalho de desenvolver suas teorias sobre a desejável submissão feminina e como esta também cai na teia do cuidado e da servidão. Ainda que seja necessário admitir que estes termos se referem a coisas diferentes, estas se veem muito menos apartadas quando se tem em mente a questão da diferença sexual.

A própria questão da submissão feminina, a título de curiosidade, aparenta ser próxima à noção de masoquismo feminino. Mas atenção, o masoquismo feminino diz de uma fantasia masculina, tanto no sentido de experimentar a passividade e de ser penetrado (pelo pai, como uma mulher) quanto de supor existir no par feminino o desejo de se submeter integralmente à perversão fetichista do macho.

Tudo se passa da seguinte forma, ao estabelecer universais segundo o princípio de identidade e diferença, definem-se também classificações hierárquicas. O próprio princípio Aristotélico organiza dessa forma a sociedade, de modo a considerar que os homens, por estarem mais próximos da figura ideal, seriam superiores às mulheres, e, portanto, teriam por direito, dominá-las. Por sua vez, as mulheres seriam superiores aos servos, podendo dominá-los independentemente do sexo. E o mesmo sucederia internamente entre os servos, e, em seguida, em relação às crianças e aos animais, até escada abaixo.

Rousseau, como bom paranoico que era,[124] além de se dedicar a escrever um tratado sobre a educação de crianças,

[124] "Ao entregar os meus filhos à educação pública, por não poder educá-los eu próprio, ao destiná-los a serem operários ou camponeses, de preferência a serem aventureiros e caçadores de fortunas, julgava praticar um ato de cidadão e de pai; e considerava-me como um membro da república de Platão. De então para cá, os remorsos do coração mais de uma vez me ensinaram que me havia enganado" (ROUSSEAU, 1968, p. 346).

que em parte era uma justificativa da sua presunção de inocência em relação ao modo como abandonara à sorte seus próprios filhos, descreveu de forma enfática como meninos e meninas deveriam receber lições diferentes de modo a desenvolver aptidões distintas (e úteis) para a cultura.

Enquanto seu livro dedicado aos meninos, Emílio, é praticamente uma bíblia, o livro Sofia, não é mais que uma brochura. Além do que, grande parte das lições são estendidas às meninas que serão mães, cujo trabalho não é mais que cuidar da educação dos filhos, ao mesmo tempo que sua intromissão deveria ser mínima na segunda infância, para não enfraquecer os meninos.

Nietzsche, por sua vez, apesar de ser um homem interessado em falar sobre algo para além da ideia de contrato social – considerando até mesmo as noções de bem e mal como modos de manejar e culpabilizar uma grande massa disposta a se mostrar fraca e covarde como modo de se vingar moralmente –, prevê, como destino para as mulheres, que estas se prestem ao descanso do guerreiro. Ou seja, o mesmo autor que criticou o modo como os sujeitos se acovardam diante seus impulsos e sua agressividade em nome de uma promessa de compensação futura, entendia que as mulheres deveriam suprimir sua agressividade ou então supôs que não havia nas mulheres a mesma vontade de potência.

Natalie Wynn[125] diz de modo irônico como Nietzsche bem poderia ser um *incel* de sua época, um celibatário involuntário que condena a emancipação feminina e o feminismo como formas de ataque ao próprio masculino. No artigo de Giacoia,[126] "Nietzsche e o feminino", por exemplo, percebe-se um Nietzsche extremamente incomodado com o esclarecimento almejado e alcançado pelas mulheres feministas, que

---

[125] Envy (2021).

[126] Giacoia Jr. (2002).

seriam, para o filósofo, as mulheres que não vingaram, ou seja, as mulheres que não cumpriram seu destino de poedeiras.

Em defesa de uma suposta manutenção da diferença em nome da alteridade e do enigma presente nas relações, em que algo da simulação, ou por que calar, dos semblantes, se fazem presente nos cortejos e seduções, ele advoga pelo pudor das mulheres *verdadeiras*. Quem são elas? As que temem os homens, e que não almejam para si serem como os homens ou terem os mesmos direitos que eles. As que vingam e se dão por satisfeitas.

De que vale a questão da liberdade, da potência, da existência plena, não subjugada dos fracos, quando se trata da mulher? Segundo Nietzsche, nada. Tal impostura em relação à querela feminina coincide com a de Freud[127] e respinga, até hoje, em algumas visões que se tem sobre a necessidade de manter a ordem fálica no sexual, antes que seja tarde demais para os pobres homens e para as pobres verdadeiras mulheres.

Essa mulher que se vê confundida com a mãe e que não poderia jamais, a despeito das feministas invejosas, perder o seu enigma via o esclarecimento de si – como se de fato fosse possível objetivar de todo o que é um sujeito, homem, mulher ou o que for –, é tanto a mulher de Freud quanto a de Nietzsche[128]: a que deve se prestar ao Um como Outro, diferente, enigmático, alteritário e sedutor.

A crítica de Beauvoir n'*O segundo sexo* é acertada neste ponto: aqueles que se enfurecem diante o esclarecimento das mulheres são os que se empenham na manutenção dessa diferença que faz da situação do segundo, condição para emergência do primeiro. Os homens precisam das mulheres, dentro de toda a ambiguidade de sentidos que esta colocação permite.

---

[127] Lima; Belo (2017).

[128] Cf. MARTON, Scarlett. *Nietzsche e as mulheres: figuras, imagens e tipos femininos*. Belo Horizonte: Autêntica, 2022.

Se não se pode perguntar para que serve um homem, sobre uma mulher, o mesmo pode ser questionado. Uma mulher *serve* da mesma forma em que dividir seres humanos conforme sua genitália *serve* seus propósitos, algo que a Revolução Francesa realizou exitosamente ao definir a igualdade enquanto paradoxo sob a diferença sexual: iguais são os homens diferentes das mulheres, dos negros, dos indígenas e dos povos colonizados.

O projeto moderno de sociedade investiu na formação de uma noção de indivíduo tomando a diferença sexual como base de diferenciação ontológica,[129] conforme exposto anteriormente através do plano pedagógico de civilização a partir do Sexo proposto por Rousseau. Os ideais de Igualdade, Liberdade e Fraternidade, se estenderam aos homens. O que permitia, assim, a criação de justificativas para a exploração do trabalho e dos corpos femininos, negros, indígenas e colonizados.

Por mais fortes que sejam os processos de exploração, a questão é que há sujeitos que consentem com seu assujeitamento. A noção de servidão voluntária importa para investigar porque haveria aqueles que, uma vez presos, lustram suas algemas. Tal temática foi abordada de formas diversas por um número de autores, porém, aquele que cunhou tal noção foi Étienne de La Boétie. O termo parece contraditório desde a princípio, até porque, ao falar de servidão é preciso relembrar que a figura do servo é a de alguém que não tem reconhecimento jurídico para poder consentir ou não com a própria miséria. Diferentemente dos outros pensadores de sua época, La Boétie se pergunta por que as pessoas consentem de alguma forma com a posição de dominação, e não os modos como a dominação se impõe.

Sua tese seria a de que em cada sujeito no lugar da servidão habita concomitantemente um tirano que, dada a

[129] Scott ([1995] 2005).

oportunidade, faria mais ou o mesmo com outrem. Essa é uma forma de pensar abstratamente os processos psicológicos que levariam um sujeito a abraçar tal situação, a saber, o desejo inconsciente de ser punido ou agredido, ao mesmo tempo que habita algo no sentido diametralmente oposto, mas nem por isso excludente: o desejo de agredir, subjugar, dominar o outro.

Ora, tal formulação não difere muito das considerações de Freud em relação ao par sadismo e masoquismo que, sendo dois lados da mesma moeda, dizem tanto de duas tendências quanto da ambivalência das pulsões humanas. Além do que, a clivagem neurótica concerne justamente nesse ponto em que o sujeito se vê dividido: o Eu está também sobre o crivo do Supereu quando a agressividade no masoquismo moral e na melancolia retorna para o Eu em si – apesar de, na primeira, o sujeito tomar a mão do outro para se fazer bater.

Mais do que um tirano, o sujeito seria principalmente um covarde. Há um acovardamento do sujeito diante de seu desejo e da possibilidade de fruição da liberdade, a ponto de que, nas sociedades modernas, os sujeitos abrem mão de seu quinhão em nome do poder de um Outro encarnado. Essas figuras corporificadas, injetadas de poder, servem também aos que voluntariamente se submeteram a elas da seguinte forma: elas são capazes de destituir alguém de sua responsabilidade subjetiva. Este não deixa de ser um bom prêmio de consolação para a neurose: manter-se alienado de seu desejo e ignorante de seu gozo.[130]

Mas não façamos dessas posições identidades. Nietzsche, ao seu modo, reconhece que aqueles que são fracos possuem também uma fina ironia no seu servir. O sorriso e a docilidade com que o manso se mostra ao servir àquele que

---

[130] Kehl (2004).

bem poderia apunhalar a qualquer momento, dizem tanto de uma astúcia quanto de uma potência revolucionária.[131]

É preciso ir um pouco mais além, de forma a não naturalizar e nem moralizar tais discussões. Muitos dos teóricos críticos defendem a relevância dos processos de conscientização e de reflexão como modo de se posicionar contra a servidão voluntária. Ao mesmo tempo que o feminismo teve como uma de suas tarefas se opor à ilusória essência por detrás da submissão feminina.

A questão do assentimento subjetivo aos semblantes dispostos diz também do próprio limite lógico que o real impõe ao simbólico: não há como alcançar o todo, algum grau de alienação e do fora do sentido se impõe. De forma que importam na clínica tanto o simbólico, o imaginário e o real. O engodo moderno reside em firmar por contrato o consentimento de um sujeito com a posição de explorado, ao passo que o assentimento diz de uma assunção a nível inconsciente em que o bancar o objeto não faz do sujeito *necessariamente* explorado, dentro da lógica predatória do Capital. Ainda que haja um grau de alienação, este não é o mesmo que a servidão. Bancar e ser o objeto não coincidem porque a posição de sujeito do desejo só pode ser aniquilada com a morte.

Masoquismo (feminino? não, moral), cuidado e angústia

Cabe questionar, entretanto, tendo em vista a gama de possibilidades de relacionalidade no contemporâneo, por que, ainda assim, esta recomendação freudiana de que uma mulher tome seu marido como um de seus filhos é levada ao pé da letra. Ainda que sejam muitos os discursos que fomentam a superioridade masculina e a reiteração de que

[131] Safatle (2019a).

as mulheres seriam aquelas que, na cultura, exercem o papel de cuidadoras, há também uma crescente discussão contrária a tais narrativas e que opera pela criticidade e desconstrução de universais sexistas.

Ademais, as experiências de emancipação feminina e os novos semblantes ofertados pela cultura plurificam tais potencialidades de existência para os sujeitos femininos – não sem alguma resistência dos setores mais conservadores. Tais grupos muitas vezes evocam com nostalgia as figuras maternas frente as paranoias sociais de pedofilia,[132] já que violências do tipo são fortemente rechaçadas por ferirem narcisicamente o bebê que outrora fomos.

Voltando ao par conjugal, quais mistérios levariam, então, as mulheres a assumirem a posição de cuidadoras de seus maridos, ainda que pela via da casa? Por um lado, há um ponto complexo em torno de uma servitude, das exigências em torno do que seriam as expectativas sociais dentro das supostas parcerias normais, conforme a norma masculina. Mas quem exerce a posição de cuidado é quem está ativo na cena, além do que, uma vez se tratando de adultos, o bebê talvez não esteja mais lá.

---

[132] A forte oposição das bancadas conservadoras aos projetos de educação sexual infantil parte de um entendimento de que a infância deve ser preservada de tal tipo de exposição. Supõem que caso normalizadas as homossexualidades e transexualidades, as crianças iriam se nomear como homo ou trans, além de se tornarem mais vulneráveis para a violência sexual por parte desses grupos. Ou seja, há um pânico moral que condensa figuras vulneráveis socialmente como homos e trans com práticas sexuais violentas, como a pedofilia. O curioso é que quanto mais bem informadas das práticas sexuais violentas, mais as crianças podem denunciá-las. A escola, enquanto ambiente que conjuga educação e sociabilidade, tem lugar também de proteger as crianças que sofrem violências física e/ou sexual no interior da vida familiar.

Onde se delimita a fronteira entre o cuidado e a servidão? Até onde essa expectativa de ser tomado como um filho por um outro que se dedique inteiramente a isso não faz tanto do marido quanto da esposa, objetos?

E o que levaria, então, as mulheres a se prestarem a tal papel? Seria algo próprio da fantasia, em que o sujeito, diante do objeto, encontra-se em injunção e disjunção com este? Afinal, há algo do masoquismo moral que é constitutivo do caráter do sujeito na neurose, uma vez que a posição de objeto do Outro é também necessária à experiência humana.

Colette Soler[133] propõe diferentes aproximações entre a posição do masoquista, da mulher e do analista, uma vez que todos os três bancam o objeto para outrem. A questão que importa ressaltar é que o que cada um busca no Outro difere, assim como difere o modo como o sujeito se apresenta para o outro.

O masoquista é aquele que se faz de rebotalho para o outro, convocando algo que no extremo, produz a divisão subjetiva do outro, trazendo a angústia à cena. A mulher, por sua vez, procura o desejo do Outro, encarnar este objeto de desejo, revestindo-se de brilho agalmático para tal. Segundo a psicanalista, se em alguns momentos as mulheres têm ares de masoquista, é porque bancar o rebotalho pode ser um dos semblantes revestidos de brilho agalmático para um homem. O analista por sua vez, no seu bancar o objeto, vai do agalmático ao rebotalho: de suposto saber para o dejeto que o sujeito pode prescindir ao final de análise.

Há aí uma questão paradoxal: o masoquismo moral tem seu lugar na constituição de um sujeito que só pode emergir de sua condição inicial de objeto. Posto que o masoquismo tem relação em fazer-se de objeto rebotalho para o outro,

---

[133] Soler (2005).

objeto a ser degradado de modo a produzir no outro uma divisão subjetiva que visa a angústia, enquanto o masoquista goza de seu infortúnio pela via compensatória da moral. Longe do melancólico que se abate e se repreende, o masoquista se oferece à agressividade do outro, a incita, recebe, e se vinga pelas suas queixas e rezas.

As mulheres que bancam o objeto depreciado pela via amorosa o fazem na forma de uma concessão, e não dentro da posição sacrificial. O sacrifício está mais próximo da moralidade exigida pela cultura, e, portanto, recai com maior ferocidade sob os homens. A concessão por sua vez é condicional, a saber, ser tudo para um homem.

O problema que Lacan aponta diante da clínica de mulheres é que não há limites para as concessões que uma mulher possa fazer a um homem, desde que se creia amada ou em vias de perder esse amor. Afinal, a angústia de castração experimentada por uma mulher seria a da perda do amor, e o desejo fetichista masculino deprecia o outro ao tomá-lo pelo objeto.

Diante dos semblantes por onde se dá a relação sexual, e de uma imaginarização corporificada de que por não possuir o falo a mulher é aquela que não tem nada a perder, isso a coloca tanto na via da coragem quanto na via da devastação. Em análise, é preciso dizer ao sujeito que ainda há algo que pode ser perdido.

Até porque a mulher encerra uma posição paradoxal por conta do lugar conferido a ela na cultura: o de ser, na parceria amorosa, o objeto a ser raptado. Esse consentir minimamente em ser objeto de amor para um homem não resolve de todo a falta desse sujeito.

> Quando falamos no ser da mulher, não nos esqueçamos de que este é um ser dividido entre o que é para o Outro e o que é como sujeito do desejo, entre seu ser

> complementar da castração masculina, por um lado, e seu ser como sujeito do inconsciente, por outro.[134]

Afinal, vale lembrar que Lacan diz que uma mãe não deve ser suficientemente boa, o que está no caminho da moral, mas suficientemente mulher. Ou seja, deve desejar algo para além de seu filho. Se permitido extrapolar essa consideração, uma mulher deve ser o suficientemente faltante: ainda que o amor possa suprir algo da falta, abdicar de seu desejo é também estar morto em vida.

Além do que, se um homem pode ser uma devastação para uma mulher, isso se deve também ao fato de este ser o herdeiro da relação da mulher com sua mãe. Outrora objeto da mãe, da qual a menina esperava *mais*, esperava ser o objeto de completude do desejo materno, abre-se a possibilidade de uma demanda infinita. Este amor que demanda amor tende ao infinito. Portanto, há uma diferença entre as considerações sobre o masoquismo e o feminino neste bancar o objeto (para o desejo e/ou depreciação do outro), e a devastação feminina que tende à infinitização por não haver referencial fálico o suficiente para dar contorno a sua experiência de corpo: ela é não-toda castrada![135]

O masoquismo moral, e não o feminino, tem relação com a fantasia na medida em que o sujeito se acovarda diante de seu desejo, dando consistência a um Outro que não ex-siste, forjando o seu desejo a partir da imaginarização daquilo que supõe ser o desejo deste Outro que criou. No homem, a fantasia diz do modo que o sujeito se relaciona com o objeto, ao passo que na mulher, por sua condição de

---

[134] Soler (2005, p. 58).

[135] "[...] embora haja uma identificação masculina que dá consistência ao homem, o ser falante é não-todo e o lado feminino das fórmulas da sexuação também lhe concerne" (FUENTES, 2012, p. 144).

ser o Outro da cultura e na partilha dos sexos, é com este que ela precisa seguir em sua travessia.[136]

Soler[137] pontua que as feministas seguem indignadas perguntando a suas irmãs *(as outras)* se elas são masoquistas! Talvez porque o desejo de submissão, de se ver alienado de seu desejo, é também o maior dos desejos.[138] Se haver com o próprio desejo é se haver também com uma falta que bem pode ser fonte de desamparo ou de angústia.

O desamparo diria de uma condição antropológica primordial, algo de que os laplanchianos irão se servir para falar sobre os modos de subjetivação dos animais humanos. É porque os bebês se encontram demasiadamente desamparados que teria sido necessário que o entorno se adaptasse e provesse para que aquela vida vingasse.

Esta é uma tentativa de compreender o desamparo do ponto de vista ontológico, necessário e universal. Já Freud demarca como há algo desse desamparo que não se limita a uma situação originária. O desamparo corresponde a uma condição de extrema vulnerabilidade e de dependência do outro que exime o sujeito de todo um horizonte de expectativas. Pode-se arriscar a hipótese de que este sujeito que se vê tanto sem recursos para agir quanto diante de situações de estranhamento, é um sujeito que só encontra no tempo o instante presente.

Talvez seja por essa relação com o tempo, em que não há como antecipar algo do futuro nas formas do medo ou da esperança, o que faz com que Safatle defenda o desamparo como afeto político principal. Não seria o desamparo aquilo que levaria à demanda fantasmática por uma figura de autoridade, mas o medo. Este, por sua vez, é o que clama por

---

[136] Miller (2016).

[137] Soler (2005).

[138] Kehl (2004).

políticas de *care*,[139] que são para o filósofo "*o balcão universal das reparações dos danos sofridos*".[140]

A angústia, por sua vez, é algo que coloca o sujeito inserido num horizonte de expectativas. Se for permitido um salto teórico, em um autor que certamente exige mais do tempo, inclusive de o compreender, é justamente a expectativa, o antecipar da finitude do corpo, o que permite que Heidegger[141] pense a temporalidade para além da cronologia. Fora do tempo do relógio está também o inconsciente, cujo estatuto não é ontológico, mas ôntico.[142] Talvez Freud suspeitasse deste, ao dizer do instante de ver, tempo de compreender e momento de concluir, mas foi Lacan que trouxe para clínica psicanalítica a lógica.

Uma vez dentro deste horizonte de expectativas, o sujeito experimenta como afeto o medo ou a angústia. O primeiro já apresenta uma forma de defesa contra a angústia, uma vez que se liga a um objeto. Já a angústia é o afeto que não engana: "[...] a angústia tem uma inconfundível relação com a expectativa: é angústia diante de algo. Nela há uma característica de indeterminação e ausência de objeto; a linguagem correta chega a mudar-lhe o nome quando ela encontra um objeto e o substitui por medo".[143]

---

[139] Políticas de Cuidado Institucionalizado.

[140] Safatle (2015, p. 72).

[141] Mello (2015).

[142] Ou seja, não se trata de pensar o inconsciente como próprio à natureza humana, mas como o que se dá em ato. "O que é ôntico, na função do inconsciente, é a fenda por onde esse algo, cuja aventura em nosso campo parece tão curta, é por um instante trazida à luz – por um instante, pois o segundo tempo, que é de fechamento, dá a essa apreensão um caráter evanescente" (LACAN, [1970] 2003, p. 35).

[143] Freud ([1926] 2014, p. 100).

Para Heidegger, estar-no-mundo é algo que angustia o ser, tanto pela consciência de sua vulnerabilidade quanto de sua mortalidade. Servindo-se do mito romano de Higino,[144] o filósofo tece uma trama entre a temporalidade, a angústia e o cuidado.

> Certa vez, atravessando um rio, Cura viu um pedaço de terra argilosa: cogitando, tomou um pedaço e começou a dar-lhe forma. Enquanto refletia sobre o que criara, interveio Júpiter. A Cura pediu-lhe que desse espírito à forma de argila, o que ele fez de bom grado. Como a Cura quis então dar seu nome ao que tinha dado forma, Júpiter a proibiu e exigiu que fosse dado o seu nome. Enquanto Cura e Júpiter disputavam sobre o nome, surgiu também a Terra (tellus) querendo dar seu nome, uma vez que havia fornecido um pedaço de seu corpo. Os disputantes tomaram Saturno como árbitro. Saturno pronunciou a seguinte decisão, aparentemente equitativa: "Tu, Júpiter, por teres dado o espírito, deves receber na morte o espírito e tu, Terra, por teres dado o corpo, deves receber o corpo. Como, porém, foi a Cura quem primeiro o formou, ele deve pertencer à Cura enquanto viver. Como, no entanto, sobre o nome há disputa, ele deve chamar-se Homo, pois foi feito de húmus".[145]

Este cuidado (que dá forma e com o qual se vive) é tanto ontológico quanto ôntico. Ou seja, é tanto algo universal e que liga um ser a outros seres quanto algo particularizado, mas ainda assim anterior à vontade e ao desejo. Por possuir suas manifestações sob formas diferenciadas de passado,

---

[144] Meus agradecimentos a Jacqueline Moreira, minha orientadora, pela excelente indicação.

[145] Heidegger (2006, p. 266).

presente e futuro, o cuidado é um aspecto fenomênico essencial pertencente à temporalidade.

Haveria no cuidado algo do antecipar, tanto que há ali no bebê um sujeito quanto no começo da vida a sua finitude. A angústia seria aquilo que verificaria a existência do ser por colocá-lo em interação com o passado, presente e futuro, ao mesmo tempo que o uniria a todos os seres humanos, já que a angústia é experimentada cotidianamente, *e é com (o) cuidado que os seres humanos caminham pelo mundo.*

Talvez não seja coincidência como a categoria Mãe acaba sendo pensada enquanto bloco de experiências e de expectativas, como a responsável pela subjetivação de um sujeito que, apesar de precisar ser cuidado por outrem, também necessita de antecipar e de comparecer, ou seja, precisa cuidar de si cotidianamente até para lhe conferir autenticidade. Nas palavras do heterônimo de Fernando Pessoa, Ricardo Reis: "Cuida de ser quem és".

Que o cuidado seja necessário, isso não faz dele um dever. É a imposição moral que acomete os corpos de forma generificada que acaba por fazer do cuidado uma labuta e um estorvo. Estressando esse ponto, ainda que Freud julgasse as mulheres menos submetidas ao Supereu, há uma série de expectativas sociais baseadas na diferença sexual que moralizam as figuras da mãe e da mulher a ponto de fazer do pudor a estética feminina por excelência.

A moralidade importa na medida em que é constitutiva daquilo que Freud nomeou como caráter do Eu. De modo que, na internalização da Lei paterna, o sujeito experimentará como inadequação, culpa ou vergonha, os eventos em que se vê surpreendido por assumir uma posição mais amoral ou pudorosa do que pressupunha habitar em si. Se há sofrimento psíquico no cuidado, não significa que há um mal-estar inerente a este: há mal-estar porque há imposição moral.

Sofrimento psíquico e o cuidado

Ainda que o cuidado não seja um conceito psicanalítico, é possível acompanhar algo do termo que se faz presente em Freud, mesmo que de forma constelar. Afinal, apesar do pai da psicanálise ter se dedicado de forma entusiasmada aos processos de constituição do *enfant*, ele o fez sem aderir ou incitar um projeto pedagógico. O que difere muito, por exemplo, de Winnicott e sua preocupação em fazer valer a figura do médico, mais do que a do analista, como um anteparo ao traumatismo sexual ao qual todos estão sujeitos. Dito de outro modo, um anteparo (médico-pedagógico) à mãe.

Reconhece-se, porém, que a educação, ainda que se valha de algum artifício moral, pode também seguir vias libertárias. Como é o caso das propostas do psicanalista e anarquista Otto Gross, e sua defesa de uma educação em que a hierarquia familiar seja dissolvida, posto que é ela a causadora de sofrimentos psíquicos.

De toda forma, uma leitura clínica dos textos iniciais de Freud autoriza também eleger um elemento que salta aos olhos em seus *Estudos sobre a histeria*, de 1895. Nesse compilado de diferentes casos clínicos que Freud dedicou sua atenção e escrita, destaca-se não só os impactos da moral sexual da época, que faz da histeria uma historicização corporificada, mas também de uma exigência moral em torno do cuidado.

As analisandas de Freud estavam, momentos anteriores e/ou concomitantemente ao seu adoecimento, cuidando de outrem. Cuidado este que, no caso, não se restringia necessariamente ao cuidado de um bebê, ou melhor dizendo, *seu* bebê, o que na época Freud acreditava ser capaz de responder ao enigma da feminilidade enquanto uma saída falicizante, masculina, em consonância com a castração. Algo questionável hoje em dia, tendo em vista os crescentes diagnósticos de depressão pós-parto em uma sociedade em que ser mãe já não possui mais o mesmo valor, mas mantém sobre as mulheres a mesma imposição.

A hipótese a ser levantada aqui é que há algo para além da moral sexual que acometia os corpos femininos devido a esta confusão da mulher com a mãe. Ou seja, aquilo que faria imaginariamente das mulheres as cuidadoras primárias de um bebê e de tudo aquilo que se estende ao domínio do privado e do doméstico.

Ou então, se não há algo a mais, é porque o próprio lugar da mulher enquanto cuidadora primária faz parte da moral sexual civilizatória, no sentido em que ela "deve" renunciar grande parte de sua agressividade em nome dos ideais de sua época. Isso porque ainda que exista privação há um grande dispêndio energético. Não é à toa que a imagem escolhida para ilustrar a capa do *Seminário XX*, o seminário no qual Lacan desenvolve considerações acerca do gozo feminino, seja a de Santa Tereza d'Ávila: em seu furor religioso percebe-se algo sexual.

Retomando as considerações de Freud nos *Estudos sobre a histeria*, datados entre 1893 e 1895, nota-se que entre suas pacientes há babás, filhas cuidando de seus pais, que eventualmente invertem as posições do jogo passivo-ativo pelo adoecimento psíquico na forma de somatização corporal, ou seja, investindo demasiadamente libido em um órgão, e convocando assim, o outro para cuidar delas.

Para além da conversão ou "inversão" histérica, é curioso como uma leitura fina dos casos pode facilmente trazer este elemento à tona. A filha que ao cuidar do pai libidiniza o órgão que tomou contato com ele, a filha que incorpora o sintoma do pai, a babá que adoece frente seu enamoramento pelo patrão, e por aí vai.

No caso de Anna O, por exemplo, que cuidara de seu pai até ele vir a falecer, Freud e Breuer são assertivos:

"Durante os primeiros meses da doença, Anna dedicou todas as suas energias a cuidar do pai, e ninguém ficou surpreso quando, pouco a pouco, a sua própria saúde foi deteriorando".[146] *Ora, ninguém ficou surpreso?*

Emmy Von N, por sua vez, tem como fonte de seu sofrimento o modo como "cuidara do irmão enfermo e este tivera acessos terríveis por causa da morfina, aterrorizando-a e agarrando-a",[147] algo reeditado quando a analisanda relata que "cuidei de meu outro irmão quando esteve muito doente de tuberculose".[148] Se no primeiro o elemento sexual se faz presente de forma muito clara, no segundo ela traz algo da culpa do nojo que sentia quando seu irmão escarrava, e seus esforços para não demonstrar algo que poderia envergonhá-lo.

A babá Miss Lucy R apaixona-se pelo patrão viúvo após uma cena em que "ele foi menos formal e mais cordial do que de costume e lhe disse o quanto dependia dela para cuidar de seus filhos órfãos; e ao dizer isso, olhou-a de modo significativo",[149] e em seguida adoece. E Elizabeth Von R, que se culpava por ter saído uma noite com um interesse amoroso em vez de cuidar do pai, e que em seguida chega a "concentrar toda a afeição e cuidado na mãe que ainda vivia",[150] recalcando inclusive certa constelação de afetos por seu cunhado, uma vez que ele se vê desimpedido.

É claro que em todos os casos há diferentes elementos circundando, como a decadência do corpo, o luto, o sexual, a família incestuosa, e o cuidado. Ainda que seja uma mera coincidência, vale acrescentar que há sim um grande

[146] Freud ([1893-1895] 1996, p. 58).

[147] Freud ([1893-1895] 1996, p. 91).

[148] Freud ([1893-1895] 1996, p. 112).

[149] Freud ([1893-1895] 1996, p. 144).

[150] Freud ([1893-1895] 1996, p. 166).

dispêndio energético para cuidar de alguém, haja vista os processos de precarização que estão sujeitos os diferentes setores relacionados ao trabalho de cuidado.

O próprio caso Dora,[151] não incluso nos famosos *Estudos sobre a histeria*, possui algo relacionado ao cuidado, uma vez que a senhora K cuidara do pai de Dora, e Dora dos dois filhos do casal K. Essas mulheres que, coincidentemente, estavam sempre cuidando de alguém, talvez não tenham adoecido exatamente disso, mas daquilo que emergiu de sexual numa cena até então asséptica, tal como exige a moral.

São muitos os exemplos, mas dentre eles destaca-se o manejo de Freud em relação às análises de Elizabeth e de Dora; na primeira, ele atua como um casamenteiro, tentando unir Elizabeth ao cunhado, e na segunda, ele diz à Dora que o senhor K é um homem atraente. Talvez exista algo menos desajeitado e mais astuto[152] nas intervenções do psicanalista do que se supõe num primeiro momento.

Com Elizabeth, ao lhe indicar o cunhado, ele permite também que algo da sua agressividade se manifeste, e que sua libido, antes fixada nos cuidados da mãe, possa circular de outra forma. O que a leva, inclusive, à saída da análise como "curada" e ao casamento – o que para o analista já era uma cura em si.

No segundo caso, Freud, em vez de concordar que havia sim um comércio entre os senhores das mulheres, a saber, Dora e senhora K, ele desloca a questão para a atividade sexual da própria Dora, o que, apesar de levá-la à atuação, e, portanto, à saída da análise, ela consegue também mobilizar outros afetos.

Não cabe ao analista ocupar o lugar de Outro do reconhecimento ou julgar se um sujeito tem ou não razão. É a partir de sua intervenção que Dora sai da situação de passividade e de

[151] Freud ([1905] 2021).

[152] Kehl (2007).

vítima da violência que sofrera, mobilizando o afeto da agressividade na transferência com o analista. Ou seja, nem sempre a saída abrupta de uma análise tem fins pouco produtivos.

O que Freud faz é quebrar algo da moralidade vigente e que é fonte de sofrimento, trazendo o sexual à cena de forma que *Eros vença a covardia moral.*[153] É claro que vale lembrar que o próprio sexual possui sua parcela de traumático, dado a alta carga de excitação que impõe. Contudo, a genialidade de Freud está em responder fora da moral vigente, fora da constatação de que algo seria certo ou errado. Diante de um analisando que se esforça em se fazer entender, em criar um vínculo a partir daí, o analista deixa claro que é preciso dizer um pouco mais, até porque na estrutura neurótica é a culpa que está sendo mobilizada no adoecimento psíquico, seja o sujeito "inocente" ou "criminoso".

Apesar de todas as figuras de abnegação que circundam o imaginário social a respeito das cuidadoras, e mais, que esta é uma responsabilidade a ser gerida no âmbito do privado, pelas mulheres da casa, e jamais pelo Estado, isso se deve tanto aos interesses do Capital quanto aos imperativos superegoicos. Se são "santas" as mães e mulheres que cuidam, não o são sem culpa.

O neurótico sente culpa toda vez que falha em se adequar moralmente à cultura, ao mesmo tempo que faz dessa culpa um modo de gozo: o homem normal não só é muito mais imoral do que crê, como também mais moral do que

---

[153] Tomo a liberdade de parafrasear Byung-Chul Han no livro *Agonia do Eros*: "O eros vence a depressão". O diagnóstico de depressão é próprio da nosologia psiquiátrica; o mais próximo que poderia se dizer deste quadro dentro da psicanálise diz respeito à covardia moral e à melancolia como um ensimesmar-se de si mesmo a ponto de tudo no mundo ser convertido em projeções do próprio sujeito. Sem espaço para o Outro atópico que perturba o sujeito que teima em abdicar de seu desejo.

sabe.[154] A formação do caráter importa no complexo de Édipo em que algo da moral[155] necessita ser incorporado pela criança. De modo que o masoquismo moral é constitutivo e possui papel decisivo na estrutura da neurose.

Ou seja, este é um sujeito dividido entre o seu desejo e as metas morais da sociedade em que vive. É notório que Freud realiza uma leitura de que as metas morais para as mulheres seriam imutáveis e mais, que dentre os deveres, estes não poderiam ser transgredidos, a ponto da feminilidade "normal" se realizar no matrimônio com o advento de um filho homem.

É por este motivo que um filho homem pode ser uma aflição para uma mulher. Assim como o pode ser o seu parceiro, caso ela de fato o tome como filho e este a fruste em sua empreitada, a saber, de fazer deste homem o seu ideal. Ou seja, a mulher faria do homem aquilo que ela pretendia para si.

Lacan[156] retoma essa colocação ao dizer que a mulher é a hora da verdade de um homem, ou seja, a hora em que ele pode se valer do falo.[157] Já o homem, por sua vez, não pode ser a verdade de uma mulher, posto que ela é capaz de dar consistência (através de seus ideais) até mesmo onde não há nada.

Esse realizar-se através de um homem diz também de um dos artifícios da mascarada, que toma forma de um masoquismo moral. Se Freud acredita num primeiro momento que o masoquismo seria feminino devido às altas exigências de renúncia e privação que a cultura faz às mulheres, mais tarde ele descobre que há algo do masoquismo moral que é

---

[154] Freud ([1923-1925]1996).

[155] Bernardes (2005).

[156] Lacan ([1972-1973] 2008).

[157] Para a relação entre a masculinidade e o falo ver: Lima (2022).

universal, e que, segundo Soler, é expresso nos homens como sacrifício à cultura e nas mulheres como concessão ao objeto.

A ponto que, para Helene Deutsch, a verdadeira feminilidade poderia ser reconhecida na: "[...] desistência feminina em favor do objeto, em sujeitos que renunciam a qualquer ambição pessoal em prol do homem amado que se dedicam a apoiar".[158]

São muitos os exemplos na filosofia, nas artes, nas ciências e na banalidade da vida cotidiana em que algo do tipo se deu e se dá. De toda forma, seja porque por muito tempo era tão somente através de um homem que uma mulher poderia se realizar, furtada do reconhecimento, mas não do fazer, ou seja porque dentre os semblantes disponíveis para as mulheres, algumas porventura se servem deste com algum prazer, é preciso lembrar que até na aniquilação do Eu o sujeito pode gozar, o que não significa que *deve*.

Quanto à orientação freudiana para alcançar um casamento seguro, fica a pergunta: perdoar Freud por ser um homem de sua época? Não. São muitas as formas de exploração a que todos os sujeitos marcados pela diferença foram e continuam sendo submetidos. Este gozar através do outro diz também de servir ao mestre, como faz o escravo. Romantizar o modo como a sociedade moderna, capitalista, fez de alguns corpos menos que humanos, como é no caso das mulheres, é obsceno.

Tomar um homem como falo mediador e viabilizador de algo soa muito poético quando apartado da realidade: que mulheres brilhantes, tolhidas de suas capacidades, foram surrupiadas por seus parceiros, pais, irmãos, professores e chefes.

Mas há também a possibilidade de tomar tal passagem por uma via produtiva. O filme de Frank Capra, *Mr. Smith Goes to Washington*, por exemplo, teve seu título

---

[158] Soler (2005, p. 67).

misteriosamente traduzido para as salas de cinema como *A mulher faz o homem*. Este é um título digressivo,[159] posto que se deve ao modo como a personagem de Saunders, antes desencantada com a política, numa posição que oscila entre pragmática e cínica, conduz o idealista Mr. Smith, que é também um bufão, primeiro em direção às intenções de seu chefe, e depois, uma vez contaminada por seu entusiasmo político de apelo popular, é ela quem organiza uma reação para que esse homem possa de fato se realizar.

Portanto, as concessões a favor do objeto não precisam significar necessariamente em uma abnegação e na impossibilidade de deslocamentos subjetivos e de realização pessoal a nível do sujeito do desejo. A histeria, enquanto doença moderna, encerra um conflito do Um *versus* Outro, da realização pessoal *versus* a família, no qual as mulheres eram lançadas e forçadas a abdicarem de seus desejos segundo o papel que a moral lhes impunha.

É preciso retirar o cuidado das imposições morais para conseguirmos enxergar sua dimensão ética. Portanto, não se trata aqui de advogar pelo casal e pela família, mas de entendê-los como o que há de resto irredutível naquilo que é da ordem do mínimo necessário para o advento de um sujeito que venha a desejar. Isso só recai em uma imposição normativa e moral sobre o cuidado porque pressupõe a identidade dos cuidadores e a organização familiar: as mães que cuidam dos filhos, as filhas que cuidam dos irmãos e dos pais, as esposas que cuidam de seus maridos, as donas de casa e/ou domésticas que cuidam da casa, e as babás que cuidam dos filhos dos outros – *enquanto os homens se ocupam de outras coisas.*

---

[159] Brum ([s.d.]).

Capítulo 3

A saída da feminilidade que serve aos homens

Freud, inegavelmente, pensava as mulheres em relação aos homens. Tanto o é que as saídas aos impasses da feminilidade se dão, para o psicanalista, pela via fálica. Contudo, talvez esteja subsumido aí uma via de mão dupla que tem o falo por conector.

Se a saída pela feminilidade *serve* aos homens de alguma forma, seja na administração dos cuidados, ou diretamente nas concessões a favor do objeto, as mulheres podem, por sua vez, servir-se do falo para suprir sua falta fálica e viabilizar algo que esteve, até então, impedido.

Contudo, essa ponte que lhes dá acesso é a mesma que criou barreiras para que outros caminhos se tornassem abertos. A saber, que aqueles que imaginariamente se creem possuidores do falo, coincidem com os que têm o pênis e o estatuto de sujeito de direitos conforme a repartição urinária. Permitindo-se evocar uma imagem, as mulheres bem podem atravessar a via, desde que no banco do passageiro, zelosas do percurso e do motorista.

A centralidade do falo na teoria psicanalítica é tal que são fálicos também os semblantes disponíveis na cultura, no qual um parecer-homem ou um parecer-mulher[160] se dão. Ou seja, os modos dispostos no campo da relacionalidade

[160] Lacan ([1971] 2009).

comportam algo do sexual, ou, melhor dizendo, da diferença sexual, ao mesmo tempo que remetem aos substitutos do falo imaginário e simbólico. E se há relação com o falo, há relação com o pênis.

A interpretação do corpo masculino é realizada através do elemento que pode ser extraído, ao mesmo tempo que garante sua consistência.[161] É por se suporem os portadores do falo que os semblantes pesam mais sobre os homens do que sobre as mulheres. Em outras palavras, os homens estão mais aptos a se sacrificarem em prol da cultura e a se submeterem aos semblantes porque acreditam mais nestes: tanto o é que abdicaram do amor incestuoso pela mãe a favor do amor narcísico pelo falo.

Ao discorrer sobre o mal-estar inerente à cultura, Freud debate como o sacrifício[162] estaria mais ligado ao masculino, ao passo que, conforme debatido no capítulo anterior, a concessão teria ressonância maior no feminino, sem que isso implique em algum tipo de equivalência.

As figuras de sacrifício e concessão se encontram tão imaginariamente generificadas, que até mesmo na expressão máxima do projeto de identidade nacional, na exacerbação do narcisismo das pequenas diferenças, que culmina na guerra, são os homens aqueles que se sacrificam, e as mulheres, as que fazem concessões.

Nessas situações, as mulheres tomaram as frentes dos processos de produção, contudo, não se tornaram detentoras dos meios de produção, estes permaneceram restritos e atados às mãos de pouquíssimos homens, homens que se anseiam pela guerra, mas não vão até ela.

Nesses períodos, houve uma forte propaganda nacional de incentivo ao ingresso das mulheres no mundo do trabalho

---

[161] Fuentes (2012).

[162] Freud ([1930] 2021).

assalariado, desde que este fosse temporário.[163] Alimentado como concessão feminina a favor da família, do Estado, e dos homens ausentes; enquanto suplentes que voltariam de bom grado à situação de exploração anterior: não remunerada.

Os exemplos na literatura e no teatro em relação às mulheres e a guerra, contudo, apontam na direção de demonstrarem que seriam elas as mais sacrificadas durante guerras cujos interesses estão concentrados raramente naqueles que se submetem à tal violência. Um deles é a peça *Lisístrata*,[164] em que as mulheres se reúnem para fazer uma greve de sexo e de útero, uma greve natal frente à política de morte da guerra. Outro é o discurso de Úrsula Iguarán, em *Cem anos de solidão*, livro de Gabriel García Márquez, em que a personagem despeja um grande sermão *de mãe* entre os que guerreiam, por deixar às mulheres a tarefa de cuidar de toda a comunidade, fora a de cuidar dos feridos de guerra e de velar por seus mortos.[165]

Freud faz equivaler a privação anatômica nas mulheres à falta de consistência frente às metas morais da sociedade civilizada – ignorando como a moral (sexual) do cuidado se impõe sobre as mulheres. Como se a *pólis*, como política e polícia, coisa pública e administrada, estivesse ao lado dessa meta e se opusesse à *oikos*, o privado, a economia e a ecologia, reservada às mulheres desde divisões que precedem à moral vitoriana.[166]

---

[163] Federici (2019) aponta como a guerra importa para os processos de acumulação de Capital. Motivo pelo qual a existência das mulheres e sua inclusão ou não em determinados espaços nunca está realmente estabelecida: há guerras não declaradas em curso contra mulheres, negros, indígenas, minorias sexuais, etc.

[164] Aristófanes (2010).

[165] Márquez (2017).

[166] CrimethInc (2017).

Esta imputou duras penas e restrições às mulheres, cujos protestos seriam reivindicações histéricas. As mulheres teriam outra postura diante dos semblantes civilizatórios, pois os reconheceriam mais facilmente pelo que são: semblantes de semblantes. Portanto, não se sacrificariam por eles ou pelos ideais da cultura, mas se serviriam deles a fim de alcançar algo Outro.

Ou seja, esses semblantes não têm relação com a verdade nem com a biologia, são uma via de acesso pela qual o gozo se liga. Se a psicanálise defende o modo como o feminino se relaciona com os semblantes, admitindo-lhe uma existência não-toda, e portanto se servindo deles conforme investimentos libidinais, por outro lado há uma ideia de que não cai tão bem uma mulher ser demasiadamente investida no ideal.

A busca por um ideal ordenador caberia aos homens. Afinal, ainda que não exista um mito do matriarcado ou do feminino ordenador[167] na psicanálise, há mitos dos quais Freud e Lacan, e seu herdeiro por casamento, Miller, utilizam para falar de um feminino monstruoso, ou seja, um feminino que não teria lugar na *pólis* pois a ameaça. São eles: O tema dos três escrínios,[168] Medusa, Antígona e Medeia.

No primeiro, a mudez feminina e sua associação com a morte são colocadas em cena por Freud, numa tentativa de trazer um correlato à morte com a questão do feminino. Neste texto, algo do pudor feminino, do velar a castração, que é um modo de evidenciar o não ter, é o que é elevado à condição de verdade.

Medusa, por sua vez, é aquela que simboliza o horror por ter, em sua cabeça, serpentes que simbolizam o falo que falta à mulher em sua vertente imaginária. Serpentes

---

167 Agradeço a Camila Jourdan por esse *insight*.

168 Freud ([1913] 1996).

colocadas em sua cabeça como punição da deusa Atenas, após Medusa ser estuprada por Poseidon. Freud[169] diz de passagem que algo na ausência incita a proliferação. Aplicando Freud sob o crivo lacaniano, enquanto o falo pode unificar e organizar, se não há nada além da máscara onde colocam A mulher, há por conseguinte uma multiplicação de semblantes.

Lacan[170] retoma o mito de Antígona que, ainda que defenda algo da linhagem, é também uma heroína que perturba a *pólis* na defesa de sua família monstruosa. Para Butler,[171] o extermínio dos Labdácidas se dá em nome de uma punição exemplar para preservar a coesão social, contra o incesto e o assassinato.

Miller[172] introduz nessa sequência o mito de Medeia, que seria, no seu parecer, a verdadeira Mulher, ainda que não se deva imitá-la. Mãe e esposa exemplar, apesar de um pouco bruxa, ao ser desquitada por Jasão, resolve vingar-se deste através do que possuía de mais precioso, seus filhos. Ou seja, ela reconhece o semblante pelo que ele é: semblante de semblante e não de outra coisa. Se é pelo semblante que se pode almejar algo do gozo, a verdadeira Mulher seria aquela que derruba todos os semblantes, disposta a colocar tudo a perder para sair plena diante a queda de um homem.

Os mitos escolhidos por Freud, Lacan e Miller para dizer do feminino têm por figuras o horror e a morte. Se não *servem* à masculinidade, destroem toda possibilidade de vida?

Estariam as concepções sobre feminilidade tão imbuídas de preceitos morais que pouco restaria às mulheres além da confusão com a mãe? As concessões a favor do objeto

---

[169] Freud ([1922] 1996]).

[170] Lacan ([1959-1960] 2008).

[171] Butler (2003b).

[172] Miller (2010a).

são romantizadas em detrimento das versões falicizadas das mulheres que têm e ostentam este ter.

É curioso como Lacan discorre no *Seminário XX* sobre as concessões que uma mulher pode se prestar a fazer em relação ao seu parceiro, fazendo dele um Outro à imagem e semelhança de Deus. De forma que, ao fazê-lo, coloca em risco a própria parceria amorosa, uma vez que há uma ambivalência que importa às relações amorosas. Esse homem, confundido com o bom Deus do segundo testamento, quanto mais ele ama, menos odeia, e menos pode amar.

Este agir para com seu marido como se fosse seu filho, encerra algo das fantasias de onipotência infantil, de ser, mais uma vez, sua *majestade, o bebê* – numa relação em que o objeto estaria tão falicizado que não haveria ódio e ambivalência. Estas colocam o homem-bebê não só misturado com o falo e com o Outro, mas também com o objeto do Outro materno. A esposa e a mãe, assim pareadas, não parecem tão desejáveis dentro de uma parceria: estaria Freud abrindo mão do Erotismo para salvar o casamento?

A fim de investigar melhor este ponto, será necessário percorrer a questão do amor genital na teoria freudiana, bem como o que há de incestuoso não só no lugar da família, mas de como Freud entende as parcerias amorosas. Em seguida, será debatido como se daria a passagem do falo-bebê para o homem-bebê, em dois tempos diferentes do cuidado, o constitutivo e o que faz laço amoroso. Será, então, evocada a imagem da mãe e pensado como ela é objeto paradigmático em relação ao desejo, a ponto de figurar nas artes com alguma frequência e despudor, e o que pode a castração diante do Outro materno. Em seguida, será feita uma discussão sobre o lugar do Erotismo, do desejo e do sexo diante de uma sociedade que eleva tudo à condição de trabalho: cuidar, servir e fazer concessões.

Talvez já tenha se tornado um hábito nos ensaios de orientação lacaniana invocá-lo, como quem conjura uma figura demoníaca capaz de toda sorte de proezas frente aos limites humanos, ou freudianos. Convida-se Lacan através do argumento de que ele oferece uma saída outra para as mulheres. Na dialética do desejo, de ser o falo, para ir um pouco além quando se trata do gozo, na posição de *não-toda* fálica.

Contudo, tal abstração tem recaído no argumento moral de que, mantém-se as coisas como estão, mas com alguma permissividade. Esse feminino palatável poderia ser interpretado pela via dos semblantes, das mulheres que jogam com estes, ainda que por vezes com algum cinismo e ar de denúncia. O que, neste trabalho, poder-se-ia traduzir da seguinte forma: na parceria amorosa, a mulher é aquela que assente em bancar o objeto de desejo do homem, que se faz de falo, de presença e ausência, para ser desejada. Ou seja, ela não abandona os semblantes pois reconhece o que os liga ao seu gozo não-todo fálico.

Se a psicanálise se vale, muitas vezes, do amor para pensar a cura, é importante lembrar como este se vê tão sub-repticiamente associado ao feminino. Conforme mencionado no capítulo anterior, há uma afinidade entre a função do analista com a posição feminina, já que ambos se oferecem como objeto causa de desejo do Outro. Esse fazer-se de objeto para o Outro tem lá seus efeitos de amor, mas não só – e nem é disso que se trata numa análise.

No livro *Fins do sexo: como fazer política sem identidade*, apresentei como muitos autores, como Levinas, Barthes e Lacan formularam uma noção de sujeito feminino aproximando-a do amor, da passividade, da vulnerabilidade, do enamoramento, etc.

Até porque, se amar é consentir com algo do Outro que não existe, é porque há também uma entrada do feminino como outro da cultura. Por outro lado, reservar às mulheres o amor como destino, mesmo que se dê o nome de casamento ao amor, fez com que a histeria surgisse como sintoma social de sua época.

Decorre que o mesmo componente sexual reprimido na histeria é aquele que, ao se dar vazão pela fala, é o que interessa aqui: o sexual na sua qualidade de inútil, enquanto gozo, e de criativo, como desejo. Sem mais rodeios, aquilo que serve aos homens é inútil para as mulheres.

Freud para casados: um toque de incesto

Há em Freud uma cisão que o coloca em conflito permanente.[173] Um Freud patoanalítico e um Freud psicogênico que sustentam na teoria psicanalítica um impasse capaz de gerar destinos produtivos não consensuais. Ou seja, um que pensa o *pathos* como tendências libidinais em termos de superinvestimento ou de retirada deste, e outro que busca uma história da origem do *pathos* organizado a partir de estruturas.

Esta divisão pode também ser aplicada ao sexual. Afinal, o mesmo autor que desenvolveu questões sobre a predisposição à bissexualidade e o caráter perverso polimorfo não instintivo da sexualidade humana, foi também o que fez elogios ao amor genital e à conjugalidade.

De todo modo, é fácil afirmar que Freud não tinha compromissos com a coerência e talvez por isso mesmo que ele tenha logrado, em retrospecto, constituir uma clínica e teoria profundamente anti-identitária, mesmo que não o desejasse *conscientemente*.

Ainda que seja apressado afirmar isso, sua teoria não se encontra muito distante das concepções filosóficas promovidas pelo maternalismo e o familiarismo. Afinal, estes foram cunhados em retrospecto e dizem respeito às empreitadas do Estado em tornar as mulheres que são mães e a unidade familiar como

[173] Van Haute; Geyskens (2016).

objeto de suas políticas públicas, junto a um esforço de tornar as famílias mais fortes e as mães, dependentes delas.

Um exemplo caricato e relativamente recente de como tal discurso ainda vigora em democracias recentes – como a nossa –, foi a crítica de Janaina Paschoal ao PL 3717/2021, encabeçada pelo senador Eduardo Braga (PMDB-AM), a favor da prioridade das mães solo nos programas estatais, como um "incentivo a não se formarem famílias".[174]

É por essas e outras, que o feminismo deve atentar-se aos modos pelos quais decide fazer política justamente para não cair no engodo de reduzi-la às demandas do Estado.[175] O reformismo político tem por consequência o fortalecimento de um Estado que serve ao Capital, e ao Capital somente. De modo que basta uma leve guinada à direita para que se produzam crises cujos efeitos serão sentidos pelas camadas mais vulneráveis.

A crítica a ser feita não é aos programas sociais voltados para tais públicos, mas à redução da política à gestão. Toda visão da organicidade do corpo social enquanto holístico, em que todas as partes se relacionam com igual relevância, mas sendo tributadas a elas papéis e lugares diferentes que são valorados de forma díspar, serve ao que chamei de Política do Masculino.

Essa visão organicista busca conservar não só o corpo social, mas a gestão deste. É mister notar que parte do feminismo institucionalizado ainda utiliza uma linguagem conservadora na hora de reivindicar direitos. O que é risível também dentro das convergências entre *radfems* e os setores mais extremistas da direita, o que aproxima supostos grupos opostos é justamente seu conservadorismo filosófico e político.

Em outras palavras, há uma limitação de expectativas concentradas dentro de um modo masculino de se fazer

---

[174] Janaina Paschoal (2022).

[175] Federici (2019).

política. A gramática aqui importa porque informa as torções que serão operadas a partir daí. Portanto, tomar como ponto inicial a família e/ou os lugares "mãe", "pai", "criança", "menino" e "menina" também constrangem nossas possibilidades de agência e de reconhecimento.

De toda forma, Freud tem um argumento para além da moralidade para justificar a centralidade da família no desenvolvimento da neurose: a libido. Nomeia-se família àqueles que possuem um laço especial, firme, e até certo ponto, indissolúvel. A ponto de que tal nomeação seja evocada tanto para dar maior consistência a um laço quanto para, quem sabe, buscar repetir uma experiência saudosa de satisfação, ainda que em posições invertidas.

O curioso é que esse passado idílico que jamais poderá ser recuperado uma vez que o sujeito tenha passado, aos trancos e barrancos, pelo teste de realidade e de internalização da Lei, é também o lugar das satisfações auto eróticas, perversas e polimorfas. Contudo, uma vez atravessado o complexo edípico, Freud intenta retomar o que foi para sempre perdido nas vias de um amor genital *incestuoso*, tal qual a masturbação da criança, que se dá conta a nível inconsciente da atividade sexual dos pais.

A família é também local de origem da vida, do desejo e da angústia. Os neuróticos não fazem mais do que tentar historicizar essa origem, quando não tentam forjar outras famílias menos exigentes com eles e mais próximas dos seus ideais. As teorias sexuais infantis são esforços constantes de responder de onde vem os bebês, ao passo que a filosofia ocidental se concentrou em para onde vão os homens. *Atar a vida pelas duas pontas*,[176] a do porquê estamos aqui e para onde vamos quando não mais pudermos colocar tais

---

[176] Tomo emprestada a imagem de Machado de Assis ([1959] 1997) ao dizer da intenção de Bentinho em narrar e rememorar.

questões, insere o sujeito dentro de um tempo linear, em que as plantinhas, animais e humanos "nascem, crescem, reproduzem e morrem".

Há quem argumente que a questão filosófica ocidental foi colocada dentro de um viés masculinista, a saber, de que *todo homem morre sozinho*.[177] Caso derivada a partir das perspectivas dos corpos capazes de gestar, e que predominantemente são nomeados como femininos, seria deslocada para *nenhuma pessoa nasce sozinha*. A reprodução implica em interdependência dos corpos, ainda que todo um aparato tecnológico e científico possa intervir no meio, entregando outras modalidades de reprodução.

A relação que se estabelece com o tempo, forçando-o a uma linearidade de acordo com o desenvolver e o perecer do corpo, é o que torna a angústia uma experiência humana um tanto quanto banal. Se admitirmos que a solidão e a condição de perenidade do corpo são inevitáveis, o mesmo já não pode ser imputado ao nascimento – quer queiram ou não os que advogam pelo controle da força reprodutiva das pessoas com vagina, a não reprodução e a interrupção da gravidez são contingentes e possíveis.

> O nascimento é tanto o primeiro de todos os períodos de vida quanto o modelo de todos os posteriores, dos quais sentimos angústia (*Angst*), e é provável que a vivência do nascimento nos tenha deixado a expressão afetiva que chamamos de medo.[178]

Da angústia heideggeriana desse corpo que atravessa o tempo decaindo, talvez seja razoável supor que a questão sobre a origem traz outro tipo de angústia: a de um corpo que nasce de outro.

---

[177] Bottici (2022).

[178] Freud ([1910-1918] 2019, p. 131).

Mas nem tudo são flores, se tratando desta interdependência. O conflito moderno do sujeito neurótico corresponde a uma busca por autodeterminação,[179] de se tornar autônomo e se emancipar da família que insere o neurótico nas vias do desejo e da angústia. Ainda assim, não há resposta fácil e final para este conflito, posto que não se trata pura e simplesmente de sua superação. Afinal, a condição para a emergência da neurose envolve processos de alienação, separação e inserção no laço social.

Há um limite no quanto um corpo pode de fato alcançar a premissa moderna do *self-made man*, ao mesmo tempo que alienar-se de todo no desejo da Mãe é entregar-se de bom grado a Saturno, para ser devorado por ele. Não por acaso, é o quadro de Goya, *Saturno devorando um filho*, que ilustra o *Seminário 4* de Lacan sobre as relações de objeto. Há uma série: a mãe crocodilo que abocanha um objeto que é tão seu quanto não o é, o pai tirano que teme ser destronado pelos filhos, o tempo que devora a carne humana.

O tempo importa não enquanto linearidade, mas pelo que se pode dele extrair como intervalo: o desejo. Isso implica que há uma dinâmica em que o outro da demanda se apresenta enquanto presença e ausência, para que algo da fantasia tenha lugar onde há espera. Tal como o bebê alucina o seio materno que é fonte de sua satisfação e encontra outro seio em seu lugar, assim fazem os neuróticos nos muitos desencontros com seus objetos ao longo de toda sua existência.

Talvez seja justamente esta experiência de satisfação junto ao seio materno que Freud busca reconstruir ao tentar conduzir suas histéricas à feminilidade normal. A predominância da conjugalidade em suas teses aponta para esta direção. Afinal, como bem lembra Maria Rita Kehl, estas eram as possibilidades ofertadas para as mulheres de sua época,

---

[179] Kehl (2007).

ao passo que Freud fracassou em seus prognósticos sobre os deslocamentos femininos que as mulheres poderiam fazer.

Contudo, uma vez que a libido permeia as primeiras experiências de satisfação infantil, e que a sexualidade tem por marca a perversidade e polimorfia próprias do narcisismo primário das crianças, já era de se esperar que algo da repetição (mais do que do deslocamento) se apresentasse onde uma vez houve prazer.

Repete-se. Afinal, o Eu não abandona de bom grado um investimento objetal. Onde não for possível incorporar um traço do objeto que se perdeu, talvez se dê a repetição em série, própria do gozo fetichista, que seria, para Freud, masculino por excelência.

Não por acaso, a exemplo do fetiche, este viria para tentar preservar a Mãe como toda. Diante do insuportável da castração feminina, da interpretação imaginária e social sobre a vagina, surge o fetiche como forma de tamponar aquilo que é fonte de angústia: origem e morte.

Fetiche este que pode se apresentar na mais tenra idade. Ciente de como o infantil é parte da vida sexual dos adultos, Freud situa toda uma montagem pulsional a partir das experiências infantis. Estas invariavelmente ocorrem em espaços que, se não são da família propriamente dita, são remetidos a estes, independentemente de se o sujeito veio a se constituir numa escola, hospital, orfanato, internato ou o que for. A norma presume as figuras de um pai homem cis e de uma mãe mulher cis, e o sujeito neurótico tomará a norma por referência, sem que esta o determine. O que cada sujeito fará de seu Édipo e de sua castração já não pode ser prescrito ou antecipado.

É a centralidade dos complexos edípico e de castração que faz com que o tabu do incesto tome forma de ordenador na complexidade e multiplicidade de formas que o sexual é capaz de tomar. Há uma insistência na questão do parentesco pelo que este viabiliza em termos de troca, Lei e transmissão. Até porque, o fundamental seriam as trocas que fazem o laço social, de modo que a interdição do incesto seria secundária, variando de cultura para cultura.[180]

Apoiado na desordenação que é própria do campo do sexual, e nas exigências feitas a este pela cultura, é que Freud se propõe a escrever, entre 1910 e 1918, suas "Contribuições para a psicologia da vida amorosa". Neste momento, algo bastante conservador e normativo se faz presente, ao mesmo tempo que as teses freudianas sobre a sexualidade humana ainda hoje não podem ser lidas sem algum desconforto até mesmo pelos sujeitos que se julgam os mais libertinos e libertários.

Esse constrangimento advém principalmente do modo como ele presentifica as figuras do pai e da mãe na sexualidade do adulto que, uma vez sob o tabu do incesto, não faz mais do que reprimir o caráter sexual nestas relações.

A mãe tem papel predominante na constelação proposta por Freud das fixações infantis que persistem nas escolhas objetais dos adultos. Isso a ponto de usar o próprio parto como metáfora de algo que se imprime no psiquismo do sujeito.[181] As crianças que crescem em família tomariam o pai como terceiro prejudicado e a supervalorização da mãe como objeto inigualável: "mãe só há uma" e "amor só de mãe" respaldam tanto nas dificuldades que o sujeito encontra de amar e das suas exigências de exclusividade – geralmente levadas a cabo pelas mulheres –, como algo que lhes confere valor.

Ao tomar os tipos particulares das escolhas objetais nos homens, é a mãe quem aparece como a escolha proibida e repetida. A própria tendência a fazer série com os objetos

---

[180] Tese de Lévi Strauss nas estruturas elementares do parentesco.

[181] Iaconelli (2005).

amorosos diz da insatisfação que estes deixam para trás, quando comparados ao primeiro.

Segundo Freud, o caráter da mãe e da esposa é medido pelo homem como forma de valorar um objeto. Que o sujeito faça escolhas por mulheres de conduta irrepreensível ou por libertinas, há sempre o par valoração e degradação que oscila no amor e no sexo. A própria atividade masturbatória do menino seria um atestado de que a criança percebeu, em sua santa mãe, algo da puta.

Jacques-Alain Miller,[182] em *Uma conversa sobre o amor*, faz uma análise bastante acertada do modo como já há em Freud algo do particular e do universal ao se referir sobre as escolhas objetais realizadas pelos homens. Enquanto o particular refere-se àquela que foi interditada, há também uma depreciação do feminino que é universal, posto que reconhecer a castração *materna* é também insuportável para os homens.

Estes são textos em que Freud discorre sobre a questão da impotência *psíquica*. Onde aquilo que obstaculiza de alguma forma a atividade sexual não é de causação orgânica, mas corresponde a um traço qualquer no objeto que, caso o adulto tenha permanecido fixado incestuosamente na mãe ou irmã, faz do coito um crime contra a Lei do pai que eventualmente poderia castrá-lo.

Freud descreve como haveria tendências ternas e sensuais que fariam parte da vida sexual adulta. As primeiras encontrariam em seus cuidadores os primeiros objetos de amor ligados à pulsão de autoconservação, até porque a criança seria uma espécie de "brinquedo erótico" dos adultos. Ao passo que a tendência sensual viria junto à puberdade: momento em que o sujeito pode ir às vias de fato, contudo ciente de que é *fora* de casa que ele pode exercer sua sexualidade.

---

[182] Miller (2010b).

Dentro de uma perspectiva "saudável", por assim dizer, haveria uma conjunção das correntes ternas e sensuais, por vezes concentradas no mesmo objeto de amor. Porém, a tendência mais geral é a da separação, "*quando amam, não desejam e quando desejam, não amam*".[183] Degradar o Outro materno pode ser uma operação tanto para não se fazer engolir quanto uma estratégia para fazer convergir as correntes terna e sensual, encontrando algo da mãe na mulher, *mas não a ponto de não poder se valer de seu órgão.*

Este é um ponto que muito interessa à discussão, posto que se o sujeito tenta abordar o Outro pelo objeto de seu fetiche, não é sem o Outro que ele consegue fazê-lo. É porque esse objeto com que o sujeito se relaciona é também um Outro, que ele não pode ser engolido ou satisfazer plenamente à pulsão. O sujeito encontra-se em injunção e disjunção com o objeto na fantasia. Pode ser por isso que Lacan diz que a mãe precisa ser o suficientemente mulher: para que o Outro materno encontre a falta e para que o bebê encontre o desejo.

Finalmente, Freud encerra suas considerações sobre a vida erótica dos adultos com um texto que trata do tabu da virgindade – este que é estritamente feminino. Miller afirma que apesar do texto ser um pouco precário em termos de antropologia, é curioso como Freud escolhe abordá-lo por último, e se concentre justamente no casamento.

Se o caráter da mulher (casada?) está sempre sobre observância masculina, é porque esta é a forma de conferir valor ao objeto amado e libido ao objeto degradado. O ponto é que Freud faz a passagem da mãe para a mulher e da mulher para a esposa (e futura mãe) de forma muito apressada.

A valorização da virgindade, de um passado imaculado, de ser o único de uma mulher, remeteria não só à posse e à

---

[183] Freud ([1910-1918] 2019).

monogamia, mas à própria experiência privilegiada junto à mãe, até que a criança se percebesse cercada por outros rivais. Nessa toada, a perda da virgindade degrada algo do valor de uma mulher, ao mesmo tempo que a coloca em estado de *sujeição sexual* em relação a um homem: de dependência e de perda de autonomia que por si só já são excessivas.

Essa sujeição estaria ligada à própria experiência de enamoramento, já que nela há o empobrecimento do Eu e supervalorização do objeto do amor, devido ao deslocamento libidinal que o amor exige. Contudo, a sujeição sexual nos homens seria manifesta na impotência psíquica, ou seja, prejudicaria a qualidade do ato sexual em si.

> Uma tal medida de sujeição sexual é, de fato, indispensável para o casamento como produção cultural e para manter afastadas as tendências à poligamia que o ameaçam, e, em nossa comunidade social, esse fator é tomado em alta conta.[184]

Mais uma vez nos deparamos com um conselheiro matrimonial investido em fazer da feminilidade normal um universal das mulheres. Essa feminilidade normal não é outra coisa que não o casamento e a maternidade, em que a sujeição sexual e as concessões a favor do objeto deveriam ser realizadas pelas mulheres.

As consequências desse ideal de feminilidade resvalaram na histeria como a doença moderna por excelência,[185] posto que o conflito instalado junto à Revolução Francesa, marco da modernidade, foi justamente o da emancipação da família e das atividades comunais para a constituição do indivíduo autônomo. Enquanto os homens vivenciavam com alguma permissividade da cultura essa transformação,

---

[184] Freud ([1910-1918] 2019, p. 156).

[185] Kehl (2007).

às mulheres foram igualmente implantados os ideais, mas não as possibilidades de concretização.

Realizar-se como mulher seria executável através do casamento e da maternidade, ao passo que a solução de compromisso masculina, a de deixar pai e mãe e seguir com sua mulher, seria a de constituir sua própria família, em que ele seria o pai.

Com a superação da Idade Média, transformaram-se os costumes e à família ficaram reservadas as expressões mais expansivas e espontâneas, fora do monitoramento público. Maria Rita Kehl discorre como efetuou-se primeiro o casamento entre a mulher e o lar, e em segundo o casamento da mulher com a virilidade do homem burguês: eis a feminilidade adequada e sã.

Para a psicanalista, até hoje há uma confusão entre alguns praticantes da psicanálise, que não o fazem sem seu sintoma, de acreditar a posição feminina como a verdadeira. Todo esse imbróglio decorre das contradições entre os ideais de autonomia e liberdade com os de submissão feminina relegada ao privado.

Ao tomar as cartas que Freud dedicou a Marta Bernays, e seus esforços de tentar fazer ecoar na pena dela as suas palavras, a autora nos convida a ver um Freud carente de compartilhar com sua noiva o "ideal admirável a que a natureza destinou as mulheres",[186] que paradoxalmente seria o casamento civil. Somente aí a posse fálica tão adiada e esperada teria lugar pelo pênis-falo do parceiro, ao qual Freud e alguns homens portadores de pênis atribuem tanto prestígio.

Dentre as garantias que Freud demandava a sua noiva, encontram-se falas um tanto vexatórias, como: "Sei, afinal, como você é terna, como você pode transformar uma casa em uma paraíso, como participará dos meus interesses, como você será alegre e incansável", "Acho que estamos de acordo

---

[186] Freud, S.; Freud, E. *apud* Kehl (2007).

em que cuidar da casa, criar e educar filhos exigem dedicação integral e praticamente excluem qualquer atividade remunerada", e ainda "ela própria não há de querer que seja diferente: ser uma namorada adorada na mocidade e uma esposa amada na maturidade".[187]

Ao tentar salvar o (seu) casamento, conduzindo as mulheres desajustadas à feminilidade normal, Freud elege um destino e uma posição definitiva à libido das mulheres: de aos 30 anos[188] terem *se esgotado* completamente no *árduo caminho para a feminilidade*, a ponto de centrarem toda a sua libido no outro – quando não vítimas da neurose doméstica, já não há sublimação em um trabalho que o sujeito não possa se realizar: há sintoma.

A pergunta que Freud não foi capaz de fazer, ou de escutar, sobre o desejo das mulheres, diz mais sobre ele do que sobre a feminilidade em si: que as mulheres querem *mais* do que os homens têm a lhes oferecer, e não o querem necessariamente por intermédio de um homem. Tentar fazer do amor o grande desejo das mulheres encobre o desejo de ser amado do pai da psicanálise. Seu conselho às mulheres, de tomarem seus maridos como filhos e agirem em relação a eles como mães, evidencia que é através do falo (e não do bebê) que se dá a parceria amorosa. Tomar o homem como causa de seu desejo, fazendo valer o contrato: eis o casamento de Freud.

Do falo-bebê ao homem-bebê: sua majestade

Maria Rita Kehl ensina que o que se passa numa parceria diz respeito ao desejo, ou seja, importa o modo como cada

[187] Kehl (2007, p. 236-237).

[188] Este é um comentário que Freud faz, não sem alguma perplexidade, ao observar o que aconteceu com *sua* Marta.

um se posiciona diante do falo enquanto aquilo que causa o seu desejo. Para a psicanalista, o neurótico constantemente aposta no gozo para não ter de se haver com o desejo.

Diferentemente do gozo, o desejo coloca o sujeito diante sua própria castração, é fonte de angústia e de medo, envolve o Outro, e não encontra um objeto além de ser desejo de desejo do Outro. Contudo, nem o sujeito, nem a ética da psicanálise, são do gozo, mas do desejo. O sujeito é impelido a sair da solidão do Um que o mortifica, não por acaso, pela via do amor. Somente o amor pode fazer com que o desejo seja condescendente com algo do gozo: incluindo aí algo do Outro.

O fato de Freud, muitas vezes, confundir o amor com o casamento, implica que nas relações modernas *exista amor no casamento* – para tanto, precisa-se que existam no mínimo mais de Um. Nada garante que o amor possa deixar de existir ou que concomitantemente haja outros afetos menos nobres, e até mesmo dispersos em outros objetos.

O casamento por amor foi tido como grande triunfo moderno, a ponto de se configurar todo um imaginário romântico em torno da união de um homem e de uma mulher, e da autonomia de ambos frente a suas famílias no exercício de tal escolha. O próprio Rousseau era partidário que as mulheres exercessem o voto sob seus cônjuges, em parte talvez para se privarem de aspirar o voto nas democracias representativas.

Apesar de ser um avanço muito pouco progressista, o de escolher um homem dentro da imposição do casamento com este, ele não deixou de ter outros aspectos produtivos: o casamento tornou-se local privilegiado e reconhecido socialmente de afeto, sexo, intimidade, espontaneidade, reprodução e parceria. Contudo, estas possibilidades foram mais bem distribuídas entre os homens, já que as mulheres ainda estavam sob vigília da moral burguesa, devendo sustentar o ideal de virilidade que tal moral impunha.

Se o amor ou sua idealização tornou-se promessa de felicidade, muito se deve à restituição narcísica que ele oferece a nível individual, na capacidade de eleger um objeto frente aos demais como o falo, quanto pelo conluio social de que as mulheres não se oporiam a fazer dos homens os objetos causa de seus desejos: primeiro no enamoramento e segundo, na maternidade.

Um aspecto que vale ressaltar é que, apesar das figuras romanescas tomarem as mulheres como aquelas que buscam ser amadas, e que amam o amor por sua voluntariedade em romper com a monotonia dos dias, seriam elas as verdadeiras raptoras e disponíveis para amar. Essa inversão dos papéis misticamente predestinados aos homens é comentada por Miller,[189] quando este se debruça sobre a questão da parceria, e das muitas formas que esta se dá.

Em sua teoria do parceiro, há também uma defesa do sintoma como aquilo que faz funcionar *o quê?* Que sejam capengas as parcerias, é porque também não há como de fato ocupar o lugar de causa do desejo do Outro. O neurótico bem pode espernear para que isso ocorra, mas ele terá de se haver com um desejo que é seu.

Ao tentar resgatar esse lugar, o neurótico é forçado a perceber que existem muitas temporalidades em um só tempo. O bebê que havia sido causa do desejo do Outro. Amado, cuidado e investido como o brinquedo erótico que é para o adulto que se ocupa dele. O adulto que recupera algo deste amor anterior à castração ao se ver enamorado de alguém, demandando a este outro que faça dele seu brinquedo erótico novamente, *mas* dentro dos limites da castração.

Há mais em jogo numa parceria amorosa do que aquilo escrito num contrato (sexual) – uma das formas modernas de castração. Salvo o cinismo da questão econômica, e dos não

---

[189] Miller (1997).

ditos sobre as supostas funções nesta sociedade em que um receberá mais dinheiro e terá mais tempo para investir em conquistas individuais, enquanto o outro se ocupa da casa e dos outros, há também questões de investimento libidinal.

Esses dois que se batem entre as exigências funcionais da instituição casal, concomitantemente se esforçam para não se alienarem de todo no outro e nem fazer de uma separação, um divórcio. Desejo, demanda, amor e ódio circulam em alta profusão em um casamento que, embora sintomático, não se mantém na força do ócio.

Contudo, se retomados os tempos entre o falo-bebê e o homem-bebê, é admissível inserir *mais um* problema de gênero. Sendo as mulheres precipitadas a se entenderem como cuidadoras primárias em sociedades ocidentalizadas, ou carentes do Ocidente, como a nossa, é muito provável que elas já tenham se deparado com a possibilidade ou imposição de cuidar de outrem, fazendo deste seu brinquedo ou seu dever.

Afinal, são muitas as meninas que deixam suas bonecas para então cuidar de seus irmãos, primos, ou dos filhos de alguém. Sejam os motivos pelos quais estes ocorram, amor, obrigação, necessidade, e estejam eles misturados uns aos outros ou não, cuidar de alguém deixa marcas no corpo que também podem ser experimentadas com prazer.

A própria lida com a criança e com o bebê revelam isso. Esta é uma relação entre corpos, em que as palavras do adulto, ou até mesmo do pequeno adulto que já cuida, são as primeiras a recobrir e a delimitar os contornos entre eles. Empresta-se o corpo para alguém se alimentar, se sustentar, se aquecer, se limpar. A criança que pede colo, abraço, cócegas, ou o que for, será o adulto que na demanda expressa, guarda as entrelinhas de seu desejo.

O casamento perfeito de Freud é aquele que faz coincidir a demanda e o desejo, entre uma mulher que aprendera a cuidar e um homem que sabe o que é ser amado. Lacan faz um esforço melhor em distinguir o que seria a demanda do desejo. *Peço que me recuses o que te peço, pois não é bem isso.*[190] O desejo não pode ser alcançado pela via da demanda, ele carece de interpretação com força generativa. Calar a demanda com os objetos disponíveis na cultura não sutura um desejo que procura no Outro um objeto qualquer, que nem por isso lhe é acessível.

Enquanto Freud desconfiava que existia algo na pulsão que impedia sua satisfação, ele preferia se manter ignorante sobre o que queria uma mulher para se acreditar potente na demanda.[191] Ou seja, para acreditar-se amado e todo enquanto causa do desejo do Outro para o qual se oferece pela via fálica. Diante do desejo de uma mulher, vá lá, de "sua esposa", *o homem não é senhor em sua própria casa.*

Decorre então, talvez para surpresa daqueles que já leram as considerações lacanianas sobre a dialética do desejo, que o homem-bebê, na parceria amorosa, se assemelha a uma dita saída para a feminilidade: a de ser o falo. Para Lacan, as posições masculina e feminina, diante do falo, deslizam do ser penetrante e ser penetrado para ter o falo e ser o falo, respectivamente.

Significa que a diferença sexual tem implicações subjetivas quanto aos modos como os sujeitos sexuados desejam. O homem, enquanto portador de um pênis que assegura maior consistência imaginária para o falo, seria aquele que abordaria o outro, numa parceria amorosa, pelo ter. É por isso que a genitalidade seria mais exacerbada entre os homens com pênis, pois este seria o órgão por meio do qual estes tentam valer algo da virilidade – além de todos os substitutos da cultura, comumente ligados ao dinheiro.

---

[190] Lacan ([1972-1973] 2008).

[191] Kehl (2007).

Na subjetividade masculina, algo do dom importa, inclusive para ficar quites com a demanda do outro.[192] O homem de Freud, que deseja salvar seus pais ou dar à sua amada tudo, não é generoso, mas vingativo. Anseia romper com seus pais através de um "eu não te devo *mais* nada", e restituir a falta fálica de sua parceira com um "não queira nada *a mais* do que eu (posso lhe dar)".

No outro polo, as mulheres teriam uma saída para além do ter um marido, filhos, posse sob o prazer de seu órgão pela frigidez, ou perversamente acreditar-se viris (como os homens que creem que têm). As mulheres poderiam ser o falo, ser causa do desejo do Outro, e investir em sua imagem: recobrindo a falta com adereços.

Essa saída tem correspondência com o que Freud credita como imaturidade e infantilidade no feminino, tal como a criança que não quer outra coisa além de ser o falo da mãe. No entanto, ao inquirir Freud através de sua própria teoria, ficam as questões de se ele mesmo ocupava uma posição feminina, desejoso de ser amado da forma mais infantil e passiva o possível, ou se não suportava algo que não fosse a feminilidade normal: uma mulher que se ocupasse dele e de seus filhos, e que não quisesse outra coisa do que ser amada por ele.

Os termos parecem confundir-se porque não há feminilidade e masculinidade puras.[193] Assim como é próprio das parcerias amorosas, o jogo especular, em que não só algo da restituição narcísica está lá, mas também os processos de alienação e separação de um Outro amoroso que, como a esfinge de Édipo, bem poderia lhe engolir caso você não decifre seu enigma – *qual o desejo do Outro?*

É porque o desejo e a demanda do Outro importam tanto à neurose, que nos consultórios de psicanálise os

---

[192] Freud ([1910-1918] 2019).

[193] Freud ([1925] 2018).

sujeitos chegam massacrados com o peso de alguns ideais da cultura, crentes que a análise os conduziria a atenderem uma demanda que *têm* de atender, ou então, diante da proliferação dos Outros da demanda, sem conseguir se localizar minimamente em nenhuma delas, desbussolados em relação ao seu próprio desejo.

Enquanto a demanda impõe uma causalidade moral, dos imperativos que podem tornar-se demasiado superegoicos para um sujeito, o desejo, em sua dimensão ética, é aquele que é capaz de fazer furo onde só há prescrições. A questão é que não há desejo sem demanda, ou vice-versa, e a demanda não é outra coisa que não uma demanda de amor. Como desejar onde há tanta demanda? Seria este o ponto de desejar ser a causa do desejo do Outro? *Me deseje para que não haja demanda?*

Se os homens ofendem o amor na parceria amorosa para exaltar seu amor pela humanidade, isso se deve ao fato de que nem todos os homens merecem ser amados.[194] Amar implica em algumas eleições de objeto, em hierarquias, preferências, que ferem a lógica do para-todos masculina,[195] por permitir, via a quantidade de libido investida e/ou pela contingência de um traço que ao se repetir toma a força de uma compulsão, que exista diversidade onde há, paradoxalmente, igualdade e diferença.

Os homens fazem laços homoeróticos entre si e escolhem, vez ou outra, aquelas que colocam em situação de diferença em relação à partilha dos bens, em que iguais são os homens irmãos cuja liberdade de comércio se estende às mulheres. As mulheres, por sua vez, fazem suas recusas às demandas de amor pela frigidez ou positivamente através de um "não tenho filho desse tamanho". É válido pensar em

---

[194] Freud ([1930] 2021).

[195] Será mais bem explicitada ao final deste capítulo.

qual medida recusar pode abrir caminho para outras coisas que não são a demanda do outro, apesar de que, enquanto houver amor, haverá demanda.

Se amar é dar aquilo que não se tem,[196] que é o falo, a causa de desejo do Outro, implica que há algo do dom e da falta em jogo, já que só se pode desejar onde também há falta, isso na dimensão da interpretação do corpo, deste Outro que é tanto ausência quanto presença. Na melhor das hipóteses, não era bem isso que o sujeito queria, mas ele ainda se encontra parcialmente satisfeito.

Na parceria, aquela que é marcada por um menos coincide com a posição desejante; por esta se pôr a trabalho, como faz a mulher *pobre,*[197] para ser amada, para raptar o outro com sua imagem. Na dialética do desejo é o falo que media a relação homem-mulher sem nenhuma proporção. O amor é tanto local de restituição narcísica quanto de ferida desta, afinal há uma grande retirada de libido do Eu para o outro, um empobrecimento de si na troca, sempre injusta e desmedida, da fantasia de cada um com seu parceiro.

Retomando a recusa feminina,[198] esta pode também ser lida através da teoria psicanalítica como a *belle indifférence* da qual Freud acusa as mulheres "muito bonitas" – talvez as mulheres com o mais, as *ricas,* e que não desejam ser amadas ou trabalhar para tal. A própria frigidez também pode ser considerada uma saída radical de recusa que encontra no corpo um modo de recusar a demanda do Outro e de seu próprio desejo.

É preciso admitir a importância de poder recusar aos imperativos superegoicos e culturais como algo que também favorece a emergência do desejo e de um sujeito político, não

---

[196] Lacan ([1972-1973] 2008).

[197] Miller (2010).

[198] hooks (2019).

pela pura e simples recusa, apesar de ser significativo poder recusar e criar condições para tal, mas da recuperação do desejo do sujeito que não se dá sem a demanda do Outro.

Para que a recusa possa se configurar como revolta necessita-se que ela se dê na forma de uma negação:

> [...] essas mulheres sentem que sua decisão de não ter filhos com homens que se recusam a dividir a parentalidade é uma atitude política que reforça a importância de uma participação igualitária na parentalidade e a necessidade de acabar com a dominação das mulheres por parte dos homens.[199]

Ou seja, as mulheres precisam saber que podem rejeitar determinada realidade imposta verticalmente, mesmo que se encontrem na base da pirâmide social e com recursos escassos, a ponto que o exercício pessoal e individual se torne um ato político de resistência e força capaz de redescrever possibilidades para outras mulheres em termos de autodeterminação.

A revolta se relaciona com a recusa, e nunca jamais com a renúncia. O homem revoltado de Camus facilmente poderia ser confundido com a mulher histérica de Freud, desde que essa tivesse recursos suficientes, psíquicos e materiais, para se recusar ao absurdo da existência dentre as formas dispostas para a feminilidade da época. A revolta abre horizontes para além daquele que a enuncia: e que é tanto singularidade quanto ninguém.[200]

---

[199] hooks (2019, [s.p.]).

[200] No manifesto *Quando as ruas queimam*, de Vladimir Safatle, o filósofo conta de forma anedótica o modo como um manifestante das Jornadas de Junho, em 2013, recusa-se a se apresentar na forma de cidadão com interesses particularizados durante uma entrevista. Ao ser indagado sobre seu nome, este responde "Anota aí: eu sou ninguém" (SAFATLE, 2016).

Se recusar, numa parceria, a fazer de outrem sua majestade, não precisa implicar em, por oposição, ocupar este lugar. Talvez importe mais a deposição dos lugares que convidam os corpos a tal retomada infantil de sua história libidinal, sem que isso signifique tomar partido por processos de maturação, de desenvolvimento ou de adultização do sujeito.

Ainda que se confundam o falo-bebê com o homem-bebê – e o pênis com o próprio falo –, não se deve confundir a demanda com o desejo, muito menos a ponto de elucidá-las rigorosamente em seus confins: o desejo é sempre desejo do Outro e para o Outro. O desejo demanda um reconhecimento que, caso cedido, nem por isso o satisfaz, ou produz algo para além do seu circuito.

Afinal, o neurótico abdica de bom grado de seu desejo para apostar no gozo. Daí a demanda como evocação de um Outro que o satisfaça, ao mesmo passo que o gozo não tem muita relação para além do próprio corpo. O neurótico anseia estar sozinho para assim poder fazer tudo o que sempre quis, e nem por isso o faz, pois não há desejo sem o Outro.

Adianto, então, considerações para como a articulação demanda e desejo vale também para a própria política. O que poderiam os movimentos sociais para além da formalização das demandas de reconhecimento, já que estes se encontram tão desejosos do reconhecimento do pai Estado? A resposta, se assim a demandam: *a interpretação do desejo como ato de criação*.

Mas e o sexo? Cu-i-dar

Há um ponto a ser destacado no livro *Fins do Sexo: como fazer política sem identidade* de recuperar a categoria do Sexo para o interior dos debates sobre a política,[201] justamente

[201] Fins do sexo (2022).

por aquilo que no sexual, e não na diferença, promove desidentificação, e que foi surpreendentemente apartado dos debates das teorias feministas, trans e de gênero, em nome da sexualidade vitalista, quantificada, pormenorizada e por vezes orientada a formas de condutas "agradáveis".

Ao tomar o sexual como esfera ligada ao registro pulsional, libidinal e gozante, ou seja, com o que tem relação com o corpo, e o desejo enquanto forma de se ligar ao Outro, de enunciar e evocar algo como resposta, é mister comentar que, se de um lado tem-se o sexual como desontologização corporificada, por outro, tem-se o desejo que enlaça os sujeitos uns nos outros e sua força generativa.

O próprio desejo de filho[202] se relaciona à tentativa de fazer valer, em relação à criança, algo do desejo dos pais – isso se os pais de fato desejarem a criança. Ao interpretar a cria, cria-se. Na esfera de um desejo que é sempre sem objeto, a interpretação é um ato de criação mediado pelo Outro evocado pelo sujeito.

Desejar exige a criação de algo, seja de um objeto, horizonte, ou o que for; contudo, este não precisa nem incluir ou excluir a cópula, desde que o Outro se faça presente. Já o gozo, inclusive sexual, é o gozo do Um; independentemente de quantos corpos copulem, o desejo irá buscar no Outro o objeto de seu fetiche.

Este desejo, que desde os primórdios se liga ao Outro, encarnado primeiro no Outro materno para depois deslizar em Outros outros, encontra seu interdito através do tabu do incesto. É porque aquela que conduz a criança às vias do desejo está interditada que a criança terá de deslocar sua libido para outros objetos. Caso a interdição não se dê, não há desejo por parte da criança, ela não é nada mais que o desejo da Mãe: o alienado.

---

[202] Bento (2017).

Decorre daí que a interdição também cria um horizonte possível de transgressão pela via do excesso,[203] ao mesmo tempo que convoca a angústia como forma de manter-se efetiva. O desejo do Outro é também um desejo de castração, tendo em vista que a castração é, para Freud, condição para que o sujeito possa vir a desejar. Que o gozo se esforce em transgredir, o limite está posto para que o sujeito possa desejar.

Como fica para o casal que passou pela interdição do incesto a sugestão freudiana de reencenar as experiências eróticas da infância? Talvez o analista não tenha se atentado muito às mulheres em relação à interdição e ao complexo de Édipo já que, para ele, estas fracassam na construção de um Supereu forte, herdeiro do complexo de Édipo por havê-lo superado pelo parricídio.

O tabu do incesto não se configuraria como um grande impedimento para o desejo nas mulheres. Pelo menos não mais do que a própria inscrição da falta, que nas mulheres seria uma falta falha, por não conseguirem abdicar da mãe em favor de sua primazia genital.

O desejo nas mulheres seria, para Freud, um pouco capenga. Menos dispostas às exigências culturais e morais, não desejariam para além do que estaria disposto socialmente: o casamento e a maternidade. A frigidez seria então uma das saídas para a feminilidade de negação deste desejo e de supressão genital pelo reconhecimento da inferioridade dele.

O homólogo nos homens, a impotência *psíquica*, não se daria por sentimentos de inferioridade ou de negação do desejo, mas pela dificuldade em coincidir as correntes sensual e afetiva em um mesmo objeto, já que o primeiro objeto de afeto está interditado pela via sensual. Contudo, apesar deste ser um desenvolvimento freudiano, isso não o impediu

---

[203] Bataille ([1957] 2013).

de fornecer um conselho que asseguraria o casamento em detrimento do sexo.

Retomando o título que dá nome a esta seção, este foi tomado emprestado de um evento anedótico em que a esposa de Sérgio Moro, Rosangela Wolff, publicou em seu Instagram uma foto com os dizeres: "Mesa posta. Esperando o ministro da Justiça chegar ao lar! Curitiba gelada e sopinha para aquecer o corpo e coração. *Sorry*, feministas. Mas AMO cuidar de quem eu amo. Eu trabalho, eu pago boletos, eu dou emprego e eu motivo, mas amo cuidar!! Bom final de semana! Beijo gelado de Curitiba".[204] Postagem que recebeu uma enxurrada de respostas em retaliação, outras em apoio, e entre os primeiros comentários de alguns homens gays que também amavam "cu-i-dar".

Para além do pequeno jogo de provocações, e tentativas de elucidar qualquer coisa sobre cuidado, feminismo, civilidade, classismo ou o que for, o pequeno chiste, "cu-i-dar", traz consigo um conteúdo de verdade, posto que brincando pode-se dizer qualquer coisa, *até a verdade*[205]: a totalidade sobre o cuidar não pode ser admitida sem aquilo que é vil.

Pegando emprestada a crítica de Bataille ao surrealismo de Barthes, tentar alcançar a verdade sem merda, sêmen, suor,[206] ou no caso específico, sem cu, tem por destino o falso. Cuidar tem relação com os restos do corpo, com as bordas que fazem do corpo um dentro e fora, cujas entradas e saídas são experimentadas com algum nojo e prazer.

A clínica psicanalítica está atenta às formas paradoxais em que as trocas de objeto se dão ao elevar o que é da ordem do dejeto ao dom do amor. Afinal, as fezes são os primeiros

---

[204] *Uol*, 24 ago. 2019

[205] Há algo "cômico no desmascaramento" (FREUD [1905] 1996, p. 190).

[206] Bataille ([1957] 2013).

presentes que a criança endereça aos seus cuidadores. O próprio analista cuida porque a experiência clínica se dá pelos dejetos,[207] e estes não têm nenhuma serventia ao Capital[208] – portanto não se trata do "eu trabalho, eu gero empregos", até porque cuidar é e não é um trabalho.

O feminismo classista há muito reclamou a noção de trabalho no interior de seu léxico como forma de demonstrar o que há de exploração nos processos reprodutivos: estes que vão da atividade sexual a tudo que se faz necessário para a manutenção da vida. Foi preciso forçar o reconhecimento de que há todo um trabalho dispendioso e não remunerado, realizado por pessoas com útero que performam a feminilidade, naturalizado como consequência imediata da diferença sexual.

Dentre as críticas possíveis a esta colocação, a primeira que salta aos olhos é que se há trabalho – ou seja, se já há algum tipo mínimo de organização social mediada pela linguagem e pela projeção temporal de que uma sequência de atividades deve ser executada para dela realizar e extrair algum ganho –, não é factível que este seja natural, muito menos *naturalmente generificado*.

Um dos percursos encontrados pelo feminismo para equivaler o cuidado ao trabalho foi o das lutas por salários domésticos,[209] que não devem ser confundidos com salários para a família. O primeiro buscava expor como é tão somente pelo salário que as sociedades capitalistas reconhecem o trabalho, tendo em vista que uma pessoa que cuida de si, de outros e de sua casa não seria, para a nossa Constituição,

[207] Miller (2010c).

[208] A colocação de que o analista cuida, mas não serve, é de Vera Iaconelli (2021) em comunicação pessoal.

[209] Federici (2019).

alguém que trabalha, mas alguém que tem o serviço doméstico como ocupação.

Talvez não por acaso a prostituição, predominantemente exercida por mulheres cis, que tem por público, homens cis, também seja enquadrada como ocupação. Estes, os "trabalhos femininos", que buscam convocar algo da genitália e/ou performance de feminilidade, seriam trabalhos submetidos a condições de insalubridade pela dificuldade em reconhecê-los como trabalho.

É imprescindível ressaltar aqui que não se trata de presumir que a prostituição seja inerentemente ruim. Primeiro, porque é a moral que informa a qualidade de algo como bom ou ruim. Segundo, porque exploração sexual e prostituição não são a mesma coisa, posto que não há consentimento do sujeito no caso da exploração sexual, ele é reduzido a mero objeto. E já que há uma defesa do reconhecimento do trabalho, é bom ressaltar que todo trabalho inclui exploração (consentida por contrato) dentro do capitalismo.

Os agravos trazidos pelo Capital à "profissão mais antiga do mundo" dizem mais das justificativas que ele constrói para escamotear suas reais intenções. O homem mau de Hobbes e de toda filosofia irracionalista é convertido no homem cuja sexualidade é tão agressiva e instintiva que a prostituição não seria mais que um mal menor, porém útil, para conter o impulso animalesco de homens mais mal adaptados à sociedade, de forma a prevenir crimes de estupro.

A liberação de casas de tolerância e orientações policialescas de que se fizesse vista grossa aos casos de estupro foram também uma política para conter a emergência de revoltas contra o agravamento das formas de exploração na passagem do feudalismo para o capitalismo.[210] De modo que, algo como a teoria do pequeno poder, em que a

[210] Federici (2017).

estrutura hierárquica na família e no casal replicam a hierarquia patrão-proletário, seria também uma concessão para a violência doméstica prevista pelo Estado.[211]

Todas as discussões sobre o trabalho feminino invisível evocam a noção de trabalho para apontar sua utilidade, relevância, necessidade de ser assalariado, dificuldades para o exercício, e por aí vai. Fora o fato de ser mal valorado socialmente, haveria também outro problema, o de ser um trabalho pelo meio do qual dificilmente alguém poderia se realizar: primeiro, por não ter fim e segundo, por se configurar, no nível dos afetos e do cotidiano, como obrigação, como o mínimo de condição necessária para que o verdadeiro trabalho (de quem?) tivesse lugar.

Outro impasse é: se tudo é trabalho no Capital, já que ele dá seus pulos para fazer até mesmo do lazer um trabalho de onde ele possa lucrar e ter novos ganhos futuros – já que aqueles que trabalham para o Capital voltarão renovados para mais uma rodada de exploração – resta questionar: *Mas e o sexo?*

Cinzia Arruzza, Nancy Fraser, Tithi Bhattacharya[212] e Silvia Federici buscaram, mais recentemente, retomar a questão da atividade sexual como trabalho. Joan Scott[213] aponta para as limitações que esse tipo de cola pode produzir para o feminismo, bem como pelo argumento conservador e moralista que esta aproximação pode assumir.

Se tudo é trabalho, ou se tudo é passível de ser cooptado pelo trabalho, para além da questão pura do cuidar, como se não houvesse nada de vil neste, a pergunta: *mas e o*

---

[211] Já previsto por Marx (2006) no ensaio *Sobre o suicídio*, em que a "opressão familiar" é investigada como a principal causa de suicídio nas mulheres.

[212] Arruzza; Fraser; Bhattacharya (2019).

[213] Scott ([1995] 2017).

sexo? como lugar de prazer, angústia, excesso, troca, acaso, amor, ódio, desejo, gozo, sortilégios, encontro, afeto, carinho, mal-entendido, fetiche, perda, dor e baixeza; enquanto assombrosamente dispendioso e improdutivo, como fica?

Esta foi uma questão que muito guiou Bataille em seu desejo de criar uma teoria anticapitalista em que o trabalho não ocupasse a centralidade que sempre reivindicou. Até porque o trabalho possui em si a ideia de que há continuidade e identidade entre aquele que trabalha e aquele que usufrui, tempos depois, os resultados do trabalho.

É ele a forma de interdição maior que a cultura oferece ao Erotismo,[214] ao mesmo tempo que se encontra ligado à morte. Há um entendimento moral e profundamente infantil de que a vida se passa não muito diferente de uma fábula de Esopo como "A cigarra e a formiga", em que a primeira canta e se recusa a trabalhar, para depois no inverno morrer, enquanto a segunda trabalha durante todo o verão, para não morrer no inverno. Se lermos esse conto com Bataille, é razoável afirmar que as duas morrem, mas somente uma vive: a Cigarra.

A redução do viver ao *mero viver* coincide com o que Byung[215] descreve em seu ensaio a *Agonia de Eros*: o inferno do igual imposto pela sociedade do cansaço e do desempenho obstaculiza a possibilidade de que haja cupidez. Ou seja, não dão espaço para a alteridade presente no Erotismo, transformando a sensualidade em pornografia ou sexualidade: mortificada e mensurada.

O próprio casamento na sua forma despudorada de contrato sexual encerra, paradigmaticamente, uma perversão consentida,[216] já que inclui a perversão sexual de querer

---

[214] Essa é uma derivação de Bataille a partir de sua leitura de Freud.

[215] Byung (2017).

[216] Dunker (2017).

possuir o outro enquanto objeto exclusivo, do direito de exercer sobre este outro algum tipo de poder e gozo, ao mesmo tempo que é reconhecido e institucionalizado como normal.

A lógica contratual importa para os regimes de exploração nas sociedades modernas, posto que dá aos cidadãos de segunda classe o direito de consentirem com a própria exploração. O casamento é um contrato sexual[217] com cláusulas generificadas e hierárquicas que, ainda que encontre outros usos, foi instituído para supostamente proteger e viabilizar descendentes.

A defesa irrestrita ao casamento perde a dimensão das interdições nele presentes, ao mesmo tempo que essa "liberdade" de escolher o cônjuge é limitada pelo contrato. Ainda que as discussões dentro do feminismo reformista reclamem para o interior do debate um entendimento sobre o amor como espaço de troca, respeito, etc., é válido lembrar que o amor fruição é tão falso como o cuidar desprovido de vilania. Não se trata das medidas ou do contrato que se estabelece: *Eros interrompe a relação de troca.*[218]

É o amor domesticado que o reduz à fruição e ao cálculo hedonista de prazer e desprazer. Fora da cupidez por liberdade, reconhecimento e soberania, o amor passa a fazer parte do *mero viver*. Não liberto para se alçar à liberdade, para algo além do mero viver, mesmo que isso custe a (sobre)vida pela morte, o sujeito torna-se escravo e trabalha[219] – hoje em dia o sujeito pode fazer um contrato consigo mesmo onde é seu algoz soberano e seu escravo submisso.

A princípio, o sexo que se encontra previsto no casamento enquanto parte do contrato não faz jus ao Erotismo. Ainda que o sexo da noite de núpcias tenha a sua

---

[217] Pateman (1993).

[218] Byung (2017, p. 35).

[219] Byung (2017, p. 41).

particularidade enquanto ritual religioso, mas isto seria mais pelo que uma vez remeteu à morte e ao sangue e o que há de sagrado nestes, como bem lembra Freud no "Tabu da virgindade" sobre os momentos de defloração – *onde andam as virgens de outrora?*[220] Um sagrado mais se vale do horror, do nojo e do medo que este momento envolve.

Mas, o sexo previsto no casamento, ainda que não dito em voz alta no altar que o sela para toda a comunidade, perde algo do ritual justamente pela força de uma imposição que dessacraliza o momento em nome da reprodução. Não é à toa que a anulação de um casamento é crível diante da comprovação de que o sexo não fora consumado, por vezes pelo atestado de virgindade do hímen intacto.

O grande giro apresentado por Bataille é que o casamento e a reprodução não são contrários ao Erotismo. Assim como o trabalho não é tão somente exploração, haja vistas que *pode* ser um meio para que um sujeito possa se realizar. A questão colocada pelo Erotismo é tanto a do meio quanto a do fim: do agora e da projeção deste agora e da tentativa de estabelecer causalidade onde há correlação. Que os corpos humanos se reproduzam através do sexo não significa que é esta a motivação para o sexo. Eis o giro de Bataille: fazer um elogio à soberania do inútil frente à demanda do Capital por produzir *mais, ainda.*

Sucede, então, uma relação entre o *mais gozar* e o Capital como imperativo superegoico da época. Este, diferentemente da moral vitoriana que engendrou o tempo de Freud, é contrário à constrição e a favor do dispêndio, cujo meio é sempre das mercadorias em circulação, que por sua vez, circulam os corpos enquanto mercadoria, e cujos fins são a produção, reprodução (de si) e o lucro.

A crítica ao utilitarismo toca nas questões de economia doméstica e do cálculo dos prazeres aos quais a sociedade

---

[220] Rosa (2019).

exige. O interdito sexual, e não do incesto propriamente dito, restringe a lógica social ao trabalho e aos prazeres pasteurizados, homogêneos, estáticos. Estes prazeres em tons pastéis são tão mortos quanto os da pornografia.[221]

O sexo como medida de desempenho é também sobreposto à pornografia, que isola a cupidez, o desnudamento e o Erotismo através da superexposição do igual e do esperado. O que aparece como excesso se torna dessensibilização imagética. Se liberado um comentário sobre o filme *Shame*, de Steve McQueen, em que o protagonista está imerso no gozo do Um, quantificável e verificável, é tão somente com a chegada de sua irmã, do interdito, que o sexual de fato aparece.

Há um desnudamento, para além do encontro desconcertado com sua irmã no chuveiro, que faz com que o sexual apareça como vergonha. O protagonista pela primeira vez é indagado por sua escassez de laços e pela curta duração que estes se dão. Na cena do sexo com uma colega de trabalho, emerge algo da cupidez através do olhar, além da repetição de um elemento que evoca a irmã, *o vintage:* a interdição é respeitada na forma de impotência *psíquica* e o Erotismo se torna um impossível a ser combatido pela intensificação do sexo pornográfico.

O Erotismo compreende também que o campo do sexual se situa para além dos cálculos e das figuras apaziguadoras de harmonia, equilíbrio e reciprocidade. Essas, assim como o recesso, a ficção de autoajuda, o cuidado com a saúde e o investimento em si mesmo estão bem alinhadas com a lógica do trabalho. Por consequência, o escravo preserva sua sobrevida ao temer a morte, e se torna morto antes de morrer.

Muitas vezes, o que há de sexual naquilo que é colocado nos debates feministas caminha justamente para uma

---

[221] Byung (2017).

compreensão de sexo funcional, reprodutivo e contratual: morto. Esse sexo sem Erotismo e sem tesão, nas vias do consenso, por vezes exclui o desejo, alinhando-o ao agradável. Este é um sexo como meio para um fim, nem que este seja a reprodução de si como casal e por um bebê.

É pouco dizer que essa é apenas a descrição do sexo no capitalismo, posto que, ao tomar as premissas de que no capitalismo tudo é trabalho e tudo reproduz a si mesmo como verdades absolutas não dá margem para que o sexo possa ser recuperado em sua força desestabilizante. É fundamental se opor à racionalidade instrumental do capitalismo para além das medidas pedagógicas sobre se relacionar sem ser "tóxico", "abusivo", "infiel", "narcísico", "sem responsabilidade afetiva",[222] ou através dos muitos manuais que visam paradoxalmente ao funcionamento pleno do casal e das relações que o capitalismo esforça em manter.

Não se trata, neste ponto da discussão, de dizer que as regras de civilidade que o feminismo questiona, critica, desconstrói e propõe como horizonte devam ser rechaçadas por serem da ordem do politicamente correto. Até porque quanto maior a vulnerabilidade material a que um grupo é submetido, maior a propensão de ocorrências de violências psíquicas, físicas e, no caso de muitas mulheres cis, trans, crianças e minorias sexuais, sexuais.

Por vezes, quando tais críticas ao modo como algumas autoras feministas igualaram sexo ao trabalho partem de homens cis, estas se encontram muito mais no nível de relacionalidade, deles se reclamarem furtados de exercerem livremente sua sexualidade. A questão é que a sexualidade pode se dar de forma violenta, o que não significa

---

[222] Estes são termos profundamente difundidos nas redes sociais e que visam toda uma nova etiqueta nas relações quando assimilados sem crítica e reflexividade.

automaticamente violação na forma de estupro,[223] mas que há interditos sexuais por toda a parte, e suas transgressões.

Na sociedade ocidental, não há sexualidade livre, mas sexualidade mediada para o comércio. A fácil cooptação pelo Capital das conquistas das minorias sexuais, bem como da incitação à uma sexualidade livre, produzem tanto um esvaziamento político do potencial subversivo do sexual quanto uma compensação para a exploração daquilo que é reconhecido como trabalho através do salário.[224]

Limitar as discussões sobre a vida sexual dos humanos às parcerias, práticas ou contratos, nebula a questão do desejo. Consentir é demasiado pouco para se pensar o sexual porque as relações no Capital são desiguais, e mais, o desejo e o gozo desconhecem qualquer medida, moral e bons costumes. Essa inadequação entre o desejo e os objetos disponíveis, e os interditos e as transgressões que o gozo encontra, verificam que no sexual os meios são os fins.

O entendimento de que os meios são os fins é muito pertinente dentro das práticas anarquistas que possuem a dimensão do agora em suas heterotopias sem perder de vista os horizontes para os quais caminham. Fora da razão instrumental, o sexo e o cu-i-dar podem até coincidir aleatoriamente. O que não impede que o Erotismo encontre zonas para emergir *dentro* do capitalismo, desestabilizando-o.

O cuidar e o sexo que fazem o capitalismo funcionar são os mesmos que fazem com que o casal ideal de Freud

---

[223] Para Bataille, a violação está intimamente ligada à transgressão. Contudo, essa violação não corresponde necessariamente ao estupro. Algumas feministas radicais, contudo, buscam igualar o ato de penetração de um pênis numa vagina como estupro, reduzindo as relações ao contrato onde uma das partes não se encontra em condição de igualdade e a estrutura gramatical sujeito-objeto como determinante da estrutura social.

[224] Federici (2019).

vingue. "Ter alguém em casa para cuidar de você é a única condição para não enlouquecer depois de um dia todo numa linha de montagem ou sentado numa mesa".[225] Este cuidar inclui o sexo a custo do Erotismo: é um cálculo.

Para além de recuperar o que há de sexual e de incestuoso nas fantasias de Freud, de fazer valer na Mulher a figura da Mãe para que um casamento se torne bem-sucedido, é preciso pensar independentemente acerca do sucesso ou fracasso da parceria amorosa, posto que não é disso que se trata, ou, ao menos, do que deveria se tratar para a psicanálise. A figura de abnegação que Freud investe na Mãe não deixa escapar o que há de sexual nessa relação e nos cuidados que a perpassam. Como fica o sexo e o Erotismo diante do tabu do incesto? O que pode o sexual enquanto aquilo que não se interessa por nenhuma regra e tem por destino as transgressões? É o sexual como despossessão que faz cair por terra as posições homem e mulher, posto que a divisão sexual homem e mulher *serve* ao Capital, assim como a saída da feminilidade pelo casamento e maternidade *serve* aos homens – a saída feminista abandonaria a servidão e seria à esquerda: derrubando não-todas as portas.

[225] Federici (2019, p. 45).

Capítulo 4

A saída feminista é à esquerda: derrubando não-todas as portas

Diferentemente da saída feminina de Lacan de *ser* o falo, a saída feminista é menos conformista, e talvez menos romântica. Isso com exceção das reivindicações do feminismo liberal, que não fazem mais que salvaguardar o bom funcionamento "progressista" das instituições família, casamento, lar, monogamia, igualdade salarial e representatividade.

A saída feminista é à esquerda e não se dá nos moldes conservadores exigidos pela democracia liberal: a de defender a generalidade da democracia a qualquer custo. Os debates feministas centrados na questão do cuidado advogam pelo Comum, pela autodeterminação e pelo reconhecimento de que o cuidado é um trabalho generificado – a ponto de ser *todo* feminino.

Essa percepção de que há sim um trabalho feminizado e, por conseguinte, desvalorizado, de cuidado, difere das concepções sobre trabalho afetivo. Este termo, cunhado por Hardt e Negri,[226] diz daquilo que há de imaterial circulando nas relações dentro do capitalismo, em que algo do amor serve também como um lubrificante à maquinaria do Capital.

O Capital, enquanto relação social, interessa-se também pelas subjetividades que busca produzir, reproduzir e cooptar. Contudo, enquanto o capitalismo de Estado se

[226] Hardt; Negri (2016).

divide minimamente entre público e privado, há todo um outro espaço, não necessariamente geográfico, que resiste a essa lógica: o Comum. Para os autores,[227] este diria das águas, florestas e, como trabalho afetivo, da comunicação entre seres humanos, dos trabalhos em rede codificados pela internet, das socializações na multidão[228] e das relações humanas em geral.

Jorge Alemán,[229] apoiado em suas leituras de Hardt e Negri, constrói sua concepção sobre a política do não-todo a partir daquilo que haveria de imaterial e de Comum nos sujeitos, o vazio ontológico que experimentam, sem que isso implique identificação. Por consequência, não há, nem em Hardt e Negri, nem em Alemán, um projeto de massa que se presentifique em noções como unidade e universalidade – ou pelo Comum, como o faz Silvia Federici. Pelo contrário, para o psicanalista, a política do não-todo é a que possibilita uma multidão de singulares em prol do Comum, e em que o não-todo é tomado fora da sua vertente lógico-matemática, a favor do real que escapa ao todo.

Alemán se volta principalmente às discussões a favor da superação do capitalismo e defende que é o não-todo lacaniano que o faz crer que há, na psicanálise, algo que aponta diretamente para a esquerda. Crítico dos caminhos conservadores tomados por seus colegas psicanalistas que tomam o capitalismo como realidade insuperável, centrados no reformismo político da democracia liberal, o psicanalista acaba abrindo outras contradições em seu próprio pensamento.

Por exemplo, ao não diferenciar de modo algum os processos administrativos e violentos na democracia da luta política, ele defende paradoxalmente uma multidão

---

[227] Brown; Szeman (2006).

[228] Expressão que será mais bem explicitada mais adiante.

[229] Alemán (2010).

de singulares dentro de uma democracia genérica similar à representativa, enquanto Hardt e Negri defendem o modelo participativo de forma planificada com unhas e dentes.

Retomando a querela trabalho afetivo *versus* trabalho de cuidado, a questão posta por Silvia Federici[230] é se há, dentro da proposta de Hardt e Negri, uma leitura que, em última instância, chama de amor aquilo que as mulheres são chantageadas a realizarem como trabalho não pago, e as consequências disso: esta é uma revolução das mulheres ou de um sujeito genérico que, uma vez esmiuçado, confunde-se com o universal do homem?[231]

No livro *Fins do Sexo: como fazer política sem identidade*, propus que as Políticas do Feminino podem ser pensadas a partir da lógica do não-todo, que por sua vez, implica em duas leituras: a do não-todo como suplemento e a do não-todo como negação. Ou seja, os caminhos pelos quais desenvolvi tais conceitos diferem de Alemán, e não foram tomados de Hardt e Negri, o que será mais bem explicitado neste capítulo.

A política do não-todo como suplemento, nega o todo, mas não de todo. Refere-se ao uso contingente de identidades conforme as demandas em curso, identidades essas que se apoiam na diferença sexual como base e produção de diferenciações que se pretendem ontológicas. Já a segunda, a política do não-todo como negação, diz daquilo que no sexual rompe com as possibilidades de predicação, e que, portanto, nega o todo totalmente, ou seja, já não se apoia na diferença sexual ou nos semblantes da política, mas aposta na radicalização da esquerda rumo a uma democracia plena.

Enquanto a primeira é uma política de coalizão e de assembleia, conforme proposto por Judith Butler,[232] a segunda

---

[230] Federici (2019).

[231] Federici (2019).

[232] Butler ([1990] 2010).

é uma política de *multidão queer*, nos termos de Paul B. Preciado.[233] Ou seja, as construções conceituais apresentadas estão apoiadas nas modalidades lógicas de gozo sustentadas na diferença sexual, e em que o sexual desestabiliza e desidentifica os corpos diferenciados primeiro por Sexo, e em seguida por outros atributos.

Decorre que há, então, algo que liga as quatro produções, a minha, nos livros *O feminismo é feminino? A inexistência da Mulher e a subversão da identidade* e *Fins do Sexo: como fazer política sem identidade*, de Federici, de Hardt e Negri e de Alemán, de formas distintas. Um interesse pelo Comum, por Hardt e Negri, Alemán e Federici; pela democracia, por mim, Hardt e Negri, e Alemán; pela querela feminista, por mim e Federici; pela *multidão*, por mim, Hardt e Negri, e Alemán; e pela política do não-todo, por mim e Alemán.

Citadas as aproximações, é preciso perscrutá-las e trazer à luz onde essas produções se diferem, colidem e colapsam. A questão filosófica dos que pensam os levam ao impasse,[234] posto que pensar é pensar contra si mesmo, e eis aqui um impasse; ou vários impasses. O maior para este capítulo: Seria a categoria **Mãe** *tão ideológica*, material, pré-discursiva e psicotizante, ao mesmo tempo que o **cuidado** seria *tão feminino*, que seria impossível romper com o pressuposto identitário para fazer política? Poderia ser essa uma Política do Feminino ou esta é uma tarefa reservada às mulheres com vagina?

O ponto que difere radicalmente a minha proposta da Política do Feminino das noções de Comum dos demais autores é que estes realizam uma crítica à identidade sem abrir mão dela ou questionar suas origens. Apesar de que Alemán, Federici, Hardt e Negri entendam que as identidades

[233] Preciado ([2003] 2011).

[234] Miller (1997).

individualizantes servem ao Capital e são (re)produzidas por ele, estes seguem enxergando a diferença sexual como material – mais difícil de superar que o próprio capitalismo.

Ainda que Alemán admita que há algum tipo de indeterminação na política, ele o faz pela via do não-todo tentando incluir dentro da democracia o Real, de forma que, desapercebidamente, ao apreender a democracia, proponha a política do não-todo como forma de gestão – o que, ao meu ver, caminha para o que chamei de Política do Masculino.[235]

É preciso então questionar minuciosamente as especificidades com que estes autores pensam a democracia e questionar se as alternativas de autodeterminação e autogestão de fato se ligam à liberdade, ou se encontram os mesmos limites de individuação da lógica liberal. Seria possível ainda falar de democracia considerando a inexistência da Mulher? O que pode a política representativa diante daquilo que é paradoxalmente ausente e irrepresentável?

Trabalho afetivo, trabalho de cuidado... trabalho?

No terceiro capítulo, discutiu-se sobre como toda uma tradição de esquerda, incluindo-se nesta o feminismo, tomou a temática do trabalho como fundamental para investigar os modos de exploração dentro do Capital, bem como para construir horizontes de trabalho associativo – em que ele não fosse fonte abundante de sofrimento dos que trabalham, e de lucro dos que extraem mais-valia da classe trabalhadora.

Neste mundo em que tudo é trabalho passível de ser mensurado, replicado e reproduzido, o Erotismo de Bataille é um elogio à soberania do inútil como crítica ao Capital, mas não só. Trata-se de reconhecer o potencial subversivo e

[235] Moreira (2022).

desestabilizador do sexual enquanto aquilo que muitas vezes precede novas formas de vida no interior da sociedade.[236]

Afinal, o campo do sexual possui algo de monstruoso, animalesco e impessoal. No livro *O feminismo é feminino? A inexistência da Mulher e a subversão da identidade*, escrevi sobre a inumanidade da Mulher e sua afinidade com o campo do sexual, da Mulher como o Inumano. A Mulher que não existe como aquilo que fere as formas constituídas, o sujeito em sua racionalidade e razoabilidade, capaz de estabelecer contratos, idêntico a si mesmo independentemente das contingências ou da passagem do tempo.

Este é o sujeito atraente para o capitalismo e que Freud golpeia com sua descoberta do inconsciente. Há um elemento mágico[237] na psicanálise que ultrapassa o misticismo medieval, em que o homem se via em perfeita harmonia com a natureza, a ponto de ser influenciado pela lua e pelas estações.

O próprio contexto em que a psicanálise se dá é marcado por uma forte superação da filosofia monista dentro da medicina da época,[238] em que havia forte correspondência entre órgãos e afetos, inclusive por sua forma anatômica. Do monismo pluralista, Freud se mostra extremamente dualista e ambíguo, pensando sempre a partir do conflito entre duas posições, muitas vezes entre o dever e o desejo, que dividem o sujeito ao meio.

O curioso é que, dos adoecimentos ligados a afetos já antecipados, em que os rins correspondem ao medo,

---

[236] "Um traço emancipador no interior da *queer theory* de Judith Butler está vinculado exatamente a essa compreensão de que o monstruoso ('queer', cuja tradução aproximada seria 'estranho', 'esquisito') no campo da sexualidade é muitas vezes a primeira figuração de novas forma de vida" (SAFATLE, 2012, p. 233-234).

[237] Safatle (2019a).

[238] Federici (2017).

o fígado à raiva e a garganta à sexualidade, Freud propõe que há conteúdos inconscientes recalcados nos casos de adoecimento de causação não orgânica. O interessante é que o elemento sexual vem à tona através da elaboração do sofrimento psíquico.

Como já mencionado, a moral sexual civilizada e seus interditos produzem formas de vida e de sofrimento em prol do trabalho. Logo, há algo no sexual que desestabiliza o processo civilizatório. Nos meus livros anteriores, discuti como o elemento anti-identitário do sexual importa para a política para além dos paradigmas institucionais, que têm a identidade como encarnação individualizante da ideologia capitalista.

Eis a relevância de considerar o cuidado em sua verdade, ou seja, sem tentar dissimular dele o que é vil, ou seja, sexual. Além do que, concentrar a questão do cuidado como trabalho asséptico e dessexualizado não o alcança nem permite pensá-lo em sua vertente política e transformadora.

Segundo Federici, a pertinência de retomar a noção de cuidado como trabalho decorre do modo como este é romantizado para fins lucrativos. O trabalho não assalariado desempenhado predominantemente por mulheres é naturalizado como demonstração de amor.

Uma das grandes dificuldades em se reconhecer tais trabalhos nomeadamente femininos como trabalho diz respeito ao modo como o salário se tornou um índice nas sociedades capitalistas de trabalho, isso após a suposta superação da escravidão. Contudo, práticas análogas à escravidão ainda existem, e mais, quando restritas à arquitetura da casa, estas se tornam *pequenos favores*.

Num mundo capitalista em que supostamente as pessoas poderiam escolher com o que trabalhar, desde que trabalhem de fato para conseguir sobreviver, cuidar de si, da casa e de outros, o trabalho doméstico não é compreendido como trabalho, mas como forma que as mulheres ociosas do trabalho assalariado se ocupam. E, quando não ociosas do trabalho assalariado, seguem cumprindo com seu papel social de cuidado com a casa e com seus filhos – e, porque não, de seus maridos, *já que não custa nada?*

Pois bem, Federici advoga por uma ética do cuidado e por políticas encabeçadas por mulheres, as trabalhadoras do cuidado, e entende que são elas, as mulheres cis ou as pessoas com vagina e útero, aquelas que na cultura tem o lugar de cuidadoras primárias.

Portanto, pouco importa se uma mulher gestou ou teve filhos, ela será compreendida por seu entorno como aquela que *deveria* cuidar da casa e dos outros devido a seu papel especial na reprodução sexual: o de mãe.

O corpo feminino para Federici é uma situação material da qual uma mulher não pode se desembaraçar, e o trabalho de cuidado é visto como algo que deriva da interpretação que a cultura faz deste corpo. O que não difere muito das expectativas de Freud, ainda que ele esteja mais interessado em proteger o casamento do que em uma revolução.

Em outras palavras, Federici, ao tornar impossível tal desvinculação no interior de sua teoria, acaba por destinar às mulheres o trabalho de cuidado até os fins dos tempos, contudo pensando políticas que o tornem um trabalho assalariado, transformador e de investimento coletivo, em prol do Comum.

A historiadora italiana defende que as mulheres sempre estiveram à frente das políticas do cuidado, e cita as Olas no Chile, em que as mulheres faziam grandes paneladas de alimento e as distribuíam para a população, como também a arquitetura de gênero dos assentamentos do MST no Brasil, em que a cozinha e a área de serviço são áreas comuns em que homens e mulheres se tornam os responsáveis rotativos pelos cuidados dos afazeres domésticos, ao mesmo tempo que as refeições são feitas em conjunto em uma grande sala de estar.

Essa é uma arquitetura que promove laços de cuidado e o desobriga de ser exclusivamente desempenhado pelas mulheres. O espaço conta porque *oikos*, a casa, diz respeito tanto à economia como à ecologia,[239] mas foi também um espaço destinado às mulheres sob o jugo do patriarca.[240] Portanto, a questão do cuidado não é puramente uma questão de economia doméstica, mas ecológica, por ser referida à natalidade e à manutenção da vida, que se interessa por todos os recursos naturais disponíveis para sua perpetuação. E mais, a arquitetura de gênero tem seu peso e precisa ser repensada, já que a falsa dicotomia entre *pólis* e *oikos*[241] merece ser superada.

Ademais, as lutas por espaços comunitários de cuidado e reprodução social da vida há muito são reclamadas pelas pautas feministas, como a criação de creches, escolas em tempo integral, asilos, restaurantes e lavanderias comunitários, etc. Isso a ponto de, nos assentamentos do MST, essa arquitetura ter sido desenvolvida e promovida por mulheres, inclusive como forma de protegerem umas às outras e as crianças de possíveis violências sexuais e/ou domésticas.

A luta que Federici defende é em prol do Comum e não do fortalecimento das estruturas estatais ou de um maior controle social sobre o Estado ou maior participação nos processos decisórios deste, pois entende que não é proveitoso para as mulheres aumentar sua dependência em relação ao Estado. Ela advoga por uma política de massa e pela defesa

---

[239] CrimethInc (2017).

[240] Federici (2019).

[241] Enquanto Federici reporta *pólis* ao masculino e *oikos* ao feminino, o Coletivo de Ex-trabalhadores CrimethInc discorre sobre a necessidade de superação das dicotomias que organizam e restringem nossa capacidade de refletir-agir no mundo.

do Comum em que as mulheres têm um papel privilegiado devido a sua "intimidade" com a natureza e com a ecologia.

Sua visão difere, e muito, das de Hardt e Negri. Estes cunharam o termo trabalho afetivo para o trabalho imaterial realizado no interior do capitalismo e que, pela dificuldade de ser apropriado pelo que é público e pelo que é privado, seria uma nova forma de Comum.

Eles propõem que há uma defesa em favor dos Comuns, como as águas, o ar, as florestas, etc., que sempre se encontram ligados a uma preocupação ecológica, já que é preciso manter condições mínimas para a sobrevivência na Terra. Contudo, o capitalismo global promoveu também condições que lhes são desfavoráveis em outros aspectos: a produção de um Comum via a comunicação de dados e em rede, capazes de transpor as barreiras geográficas e territoriais.

O Capital incita também a produção de subjetividades que melhor o sirvam, o que não determina que estas não sirvam para outras coisas. Este trabalho imaterial que permeia as relações como afetos é capaz de criar laços e redes entre diferentes corpos de diferentes lugares.

Hardt e Negri argumentam que na comunicação se trocam outras coisas para além das palavras. O que de forma alguma difere do próprio entendimento da psicanálise sobre o laço social. Não há formas puras de identificação ou de qualquer comunicação sem que uma ampla gama de afetos se faça presente, assim como não existem afetos em sua forma pura, ou descolados do Outro – a própria identificação diz da forma mais primitiva de afeto entre duas pessoas.[242]

Entretanto, é mister notar que a identificação é um afeto que visa ao ideal e que, por isso mesmo, tem relação com a identidade dentro do capitalismo. As políticas institucionais e os movimentos sociais dependem de um laço identificatório

[242] Freud ([1921] 2021).

forte o suficiente entre os sujeitos e as identidades hétero designadas a eles, bem como com os partidos, sindicatos, etc. que supostamente os representam.

Para os autores, em situações como as de assembleia, de ocupações e de coalizões, importa o trabalho afetivo pelo laço que ele fomenta de forma a tornar as diferenças no interior da multidão toleráveis. A tolerância seria algo a ser incentivado a favor das multiplicidades e das singularidades de diferenças que comportam uma multidão de modo que atos instituintes, no curso de uma temporalidade autônoma, seriam capazes de depor a situação anterior instituindo algo novo.

Ou seja, Hardt e Negri não são contrários às instituições, tanto que propõem atos capazes de instituir outra coisa a partir do que já existe. Sua crítica às instituições que colocam o Capital em marcha se refere ao próprio Capital. Para eles, dissociado do capitalismo, o modelo federativo de democracia participativa poderia ser instituído por uma série de atos.

Sua teoria da multidão serve para pensar a ação política pelos atos instituintes, mas há um porvir prescrito, um projeto político a ser implementado num tempo autônomo, que seria o tempo que compreende desde aquilo que antecede a insurgência, ela em si, e a concretização da democracia participativa anticapitalista.

No Comum de Hardt e Negri, o futuro já está comprometido e antecipado, assim como na perspectiva de Federici o futuro é uma reedição do passado, das experiências comunais pré-capitalistas, um reencantamento do mundo. Ainda que em Federici haja uma recuperação histórica de forma positiva da Idade Média, e em Hardt e Negri uma exposição detalhada dos moldes burocráticos de funcionamento da democracia participativa, vale a pena debater a que interessa traçar horizontes políticos tão específicos e rígidos, valendo-se do que já existe ou existiu.

Além do que, ainda que Hardt e Negri[243] discutam sobre o *homem comum*, cuja subjetividade já estaria sendo constantemente feita, desfeita e refeita no agora, pelas interações imateriais que se fazem presentes no trabalho, estas se dão principalmente por processos de intelectualização dos trabalhadores.

Para Federici,[244] Hardt e Negri recuperam a noção de afeto da tradição Spinozista para dizer de uma força imanente que coloca os corpos em movimento – o amor seria já um segundo momento ou possível derivação do se deixar afetar por algo.

Não é coincidência que outros autores também recorram a Spinoza e sua teoria dos afetos para pensar a política. Safatle,[245] por exemplo, discorre sobre como o medo e a esperança são afetos complementares e constantemente administrados pelo poder Soberano assimilado para dentro do Capital. De modo que o afeto político fundamental seria o desamparo. Este colocaria os sujeitos em movimento, uma vez que estes não teriam mais nada a perder – *talvez seus grilhões*.

Voltando ao argumento de Hardt e Negri, os autores tecem uma teoria muito sofisticada e pormenorizada sobre como o trabalho imaterial afetivo já é e pode continuamente ser mobilizado de forma a informar os trabalhadores. Essa rede de fluxo contínuo de trocas imateriais poderia ser útil para fomentar laços e vias educacionais. As redes propiciam um trabalho cognitivo e reflexivo que, mais do que conscientizador, impulsionariam o autodidatismo que tornariam a educação em um bem comum.

> Talvez não seja de se espantar que o Emílio rousseauniano, quando conhece sua futura mulher, Sofia, imediatamente

---

243 Hardt; Negri (2014).

244 Federici (2019).

245 Safatle (2015).

> a reconhece como sua inferior. O autodidatismo, como o concebemos, requer sim um projeto cooperativo de desenvolvimento de nossa inteligência comum.[246]

Num cômico exemplo que por acaso escolheram para ilustrar como a educação deveria se dar no agora e dentro de uma democracia participativa, Hardt e Negri citam uma passagem de Emílio de Rousseau que, ao ver sua esposa Sofia, não pode deixar de crer-se superior, já que ele é um autodidata, ao passo que Sofia foi educada para servir, cuidar e educar futuros autodidatas.

Contudo, há algumas críticas que podem ser elencadas às proposições dos autores, e Federici dedicou alguns artigos para o fazê-lo. Dentre elas, o fato de que o trabalho imaterial já existe e pode ser também, ao menos em parte, desejado, fomentado e cooptado pelo capitalismo.

O Capital se interessa tanto pelo desempenho de seus trabalhadores que não basta realizar o mínimo, é preciso encenar de forma convincente o trabalho como lugar de troca, realização e expressão de si.[247]

As pessoas são cobradas a participar de *happy hours*, fazer *networkings*, especializarem-se, bater metas, destacarem-se, etc. Trabalhar durante a jornada de trabalho não é o suficiente, é preciso fazer dos momentos de lazer, descanso e atividade intelectual a continuação do trabalho.

Outra questão pertinente levantada pela teórica italiana diz respeito ao modo como os autores retomam uma série de eventos históricos, sem recuperar, em momento algum, lutas encabeçadas por mulheres. As poucas menções à causa feminista são elencadas pelo selo obtuso da tolerância, o que as minorias agradecem, ou de que o trabalho imaterial afetivo

---

[246] Hardt; Negri (2014, p. 106).

[247] Fisher (2020).

corporal é um trabalho feminizado, e de menor reputação frente ao trabalho intelectual de Emílio – *como não crer-se superior?*

Ao nomearem o trabalho afetivo corporal de feminizado, os autores parecem reconhecer que as mulheres comumente ocupam o lugar de, na cultura, estarem mais referidas às trocas afetivas e aos cuidados no geral. Contudo, eles propõem tornar o trabalho reprodutivo imaterial das redes assimilado ao trabalho produtivo material e ao trabalho de reprodução social, como se hoje em dia, pelo fato de o trabalho afetivo imaterial Comum das redes prevalecer, ele acabaria por contaminar todas as formas de trabalho coexistentes.

Essa é uma tese de Marx, que a forma prevalente de trabalho determina todas as demais, que Federici critica em contraste com o trabalho doméstico, que nunca galgou tal força de determinação. A reprodução precede a produção, e portanto deve ser a base da luta revolucionária.[248] O trabalho de reprodução social é o trabalho prevalente, e nem por isso ele determina que sua forma seja exportada.

Federici argumenta também como a multidão parece descorporificada, desgenerificada e desracializada, como se algumas opressões já estivessem sido milagrosamente superadas, ou se, o grau de abstração da teoria de Hardt e Negri fosse tal que o corpo físico e o político tivessem sido deixados para trás enquanto eles planam no mundo das ideias.[249]

Melhor adiantar que não é para tanto, até porque há pouco espaço para a imaginação em suas discussões sobre o funcionamento da democracia participativa que elaboram.[250] As críticas de Federici são oportunas até o ponto em que podem ser inoportunas para as mulheres.

---

[248] Linebaugh *apud* Federici (2019, p. 303).

[249] Corsani *apud* Federici (2019, p. 333).

[250] Hardt; Negri (2014).

> Defender que as mulheres devem assumir a liderança na coletivização do trabalho reprodutivo e da moradia não é naturalizar o trabalho doméstico como uma vocação feminina; é recusar-se a apagar as experiências coletivas, o conhecimento e as lutas que as mulheres acumularam no que se refere ao trabalho reprodutivo, cuja história tem sido uma parte essencial da nossa resistência ao capitalismo.[251]

Apesar de defender seu desejo de não querer impor nenhuma determinação sobre as mulheres, ela não as desvincula do trabalho reprodutivo e da tarefa pelo Comum em nome de não negar a história, o corpo, a diferença sexual e o protagonismo feminino nessa querela.

Tanto Federici quanto Hardt e Negri são partidários da diferença sexual no interior da política. Enquanto a primeira acredita que as mulheres cis com vagina, com útero, *as verdadeiras mulheres*, ou as que performam a feminilidade, vá lá, devem tomar as rédeas do controle reprodutivo e da luta pelos Comuns, alterando a arquitetura de gênero e coletivizando o cuidado, Hardt e Negri defendem que as diferenças, essas que existem dentro da multiplicidade singular da multidão, inclusive a de gênero, devem ser toleradas.

Não há para nenhum dos autores citados a possibilidade de desestabilização e de desidentificação, não há sexual que perturbe as subjetividades constituídas no interior do Capital. Como se imaginar a – e lutar pela – superação das identidades e diferenças fosse querer demais.

A Política do Feminino e a Mãe que persiste

Há na modernidade uma passagem do poder Soberano exercido durante os períodos de monarquia feudal

---

[251] Federici (2019, p. 353).

para a implantação da República e de sua nova forma de organização política e economia em ascensão. Contudo, se na época considerava-se que tudo que não fosse monarquia seria automaticamente República, o que se observou foi a incorporação do poder Soberano transcendente para dentro (e fora) da política administrada e suas novas estruturas: "[...] o poder moderno permanece fundamentalmente teleológico [...] na medida em que o poder soberano ocupa uma posição transcendente, acima da sociedade e fora de suas estruturas".[252]

Os autores citam as principais revoluções burguesas, a Francesa, a Inglesa e a Americana para discorrer de que modo se deu essa passagem, da Monarquia para a República, os valores que estas defendem e como estas implementaram uma versão paradoxalmente continuada da forma de governo que as precedia.

Enquanto o Soberano era aquele que se diferenciava de todos os súditos, a segunda divisão mais óbvia era a dos servos com os senhores. O poder do monarca era inquestionável e abençoado por Deus, já na República, tais distinções entre os preferidos da intervenção divina ficaram ameaçadas. No contexto da Revolução Francesa, o que antes era tido como mero acaso ou providência passou a ser institucionalizado como exclusão prevista no seio da República.[253]

Ao decretar que todos eram *falsamente* iguais, a historiadora americana Joan Scott discorre que a diferença sexual tornou-se base de diferenciação ontológica entre aqueles que seriam os iguais, e os que seriam os diferentes. Desta diferença produziu-se a *institucionalização* de outras: as de raça, as geográficas, as de posse, etc. Ou seja, estas já existiam

---

[252] Hardt; Negri (2016, p. 18-19).

[253] Scott ([1995] 2005).

anteriormente, mas foram juridicamente ordenadas para favorecer a acumulação de Capital.

A Revolução Francesa foi uma revolução jurídica com consequências formais e normativas. No meu livro *Fins do sexo: como fazer política sem identidade*, debati sobre como a teoria da soberania de Hobbes, tal qual Freud se serviu para pensar o laço social, poderia ser aproximada dos valores da Revolução Francesa, pelas consequências lógicas extraídas a partir do lado masculino da tábua da sexuação.

É claro que, para tanto, busquei aplicar as máximas de "Liberté, Egalité, Fraternité" sobre o formalismo da tábua como leitura possível, ou seja, não se trata de dizer que esta foi a intencionalidade de Lacan ou algo parecido.

Dito de outro modo, e nisto estou de acordo com a posição de Hardt e Negri, há continuidade do poder Soberano na República, porque os valores de Liberdade, Igualdade, e Fraternidade têm forte parentesco com a ideia de que exista ao menos um sujeito que excede a Lei.

Retomando as discussões feitas no livro citado, Freud se serve de dois nomes da filosofia em sua concepção de sujeito: Hobbes e Descartes. A razão moderna se esforçou em desencantar o mundo da Idade Média lançando "luzes" para nomear como Era das Trevas o tempo que a precedeu.[254]

A teoria de Hobbes teve forte influência na forma como Freud concebe o mal-estar enquanto inerente ao processo civilizatório, uma vez que o homem teve tanto o sexo quanto o assassinato interditados de alguma forma. Decorre daí uma compreensão de natureza humana em que o homem é agressivo e cedeu parte de sua agressividade animalesca para adentrar na cultura.

É por isso que a figura do Leviatã importa a Freud, pois se trata de um Soberano que excede a Lei e que, por

---

[254] Federici (2017).

contrato social, detém o monopólio da violência, ordenando seus súditos à interdição. Uma vez diante do contrato, tem-se o homem racional e razoável de Rousseau e de Descartes.

Forma-se o pacto social, mas não só, a própria lei do Soberano é internalizada pelo homem do cogito e contrato, que cogita a si mesmo a partir da Lei e da culpa. Se Hobbes justifica a existência do Estado, Rousseau e Descartes descrevem os mecanismos pelos quais os sujeitos se tornam submissos a ele.

A leitura que propus é de que Freud irá tomar a figura do Pai e o parricídio para pensar os processos de formação do corpo social e do corpo sexuado.[255] As fórmulas da sexuação que Lacan apresenta no *Seminário XX* estão referidas aos mitos de Édipo e do Pai da Horda, em que a presença de um Soberano serve tanto de exceção quanto de ideal identificatório, que, por extração, é capaz de fundar uma unidade fechada, um universal em que todos – os filhos – são iguais.

Refletindo o quão devedora é a noção de sujeito em Freud e Lacan à construção do indivíduo moderno civilizado, percebe-se o quão influente é o projeto europeu[256] neste processo. No mito do Pai da Horda, ocorre o assassinato do Pai Tirano, o pai que gozava de todas as mulheres, por parte de seus filhos. De modo que estes, culpados de seu crime, não conseguem de fato alcançar a soberania, mas incorporam um traço do Pai que faz dos *fraternos*, *iguais* e *livres* segundo a Lei do Pai – podendo dispor de liberdade de comércio dentro do contrato social.

De todo modo, ainda que Hardt e Negri construam seu argumento através de uma análise histórica, há algo nas modalidades lógicas de gozo de Lacan que, à luz da história

---

[255] Moreira (2022).

[256] Bey ([s.d.].

moderna, permite esse tipo de derivação. É por servirem-se da lógica que as formas como proponho, as políticas do não-todo, como suplemento e como negação, diferem da política do não-todo de Jorge Alemán.

Para o psicanalista argentino, a democracia deveria superar o capitalismo e visar, através da política do não-todo, inserir algo do Real para dentro da democracia. Ou seja, tal como dizem os analistas da *École de la Cause Freudienne* permitir a existência dos semblantes que são incomensuráveis entre si.[257]

Contudo, seguindo a linha de que o Real impõe um limite lógico[258] – inclusive aos elogios que possamos fazer a ele –, inserir algo do Real naquilo que na Democracia é gestão, significaria pensar o não-todo feminino como complementar à lógica fálica. E Lacan é muito enfático em dizer que ela é uma lógica *suplementar*, até para não cairmos no todo![259] Ou seja, ele passaria a fazer parte daquilo que nomeei como Política do Masculino, identitária, institucional e da gestão dos corpos e dos conflitos, porém de forma mais sofisticada.

> A política não pode ser somente discutir as regras administrativas ou a gestão das normas; [...] a política começa por aceitar que a existência do ser falante, mortal e sexuada não tem como dado originário um meio vital para adaptar-se.[260]

Até porque Alemán é crítico também à forma que alguns autores dividem[261] a política entre polícia e povo; por-

[257] Santiago (2015).

[258] Badiou (2017).

[259] Lacan ([1972-1973] 2008).

[260] Alemán (2010, p. 41-42, tradução nossa).

[261] Rancière ([1996] 2018).

tanto, não haveria de fato uma total superação do modelo administrativo, mas, talvez, uma administração um tanto mais flexível com a contingência da superação do capitalismo.

Porém, ainda que este faça uma crítica à lógica individualizante, ele também mantém as diferenças em vigor, criticando alguns movimentos progressistas e empurrando a noção de politicamente correto para uma questão puramente moral, como se essa não visasse outros tipos de relacionalidade.

> [...] a linguagem politicamente correta; o que anos atrás era uma atitude reivindicatória de determinados grupos sociais, suscetíveis de segregação, se transformou em uma vigilância sobre a linguagem correlata ao projeto de homogeneização mundial.[262]

Ou seja, há uma interpretação conservadora de que o fim da diferença sexual levaria à homogeneização mundial. Mas, na verdade, a lógica individualizante – esta sim, homogênea – carece justamente da diferença sexual como base ontológica de diferenciação.

Essa defesa da diferença sexual na forma de um suposto reconhecimento dela também ocorre com Federici e com Hardt e Negri em relação ao Comum, em que as diferenças particularizadas através do sexo e da sexualidade, somadas a outras, estão postas.

Federici argumenta que as mulheres sempre foram parte dos Comuns e que a Revolução que estas deveriam liderar é a da coletivização do cuidado. Hardt e Negri, por sua vez, discorrem sobre o *homem comum*, homem aqui no sentido genérico de humanidade, cuja relação com os Comuns é a de buscar, criar e viabilizar novos Comuns através do trabalho afetivo – *sempre com muita tolerância ao diferente.*

---

[262] Alemán (2010, p. 164, tradução nossa).

A questão é que a identidade surge logo atrás da diferença – e em muitos exemplos, sexual. Reconhecendo que o capitalismo se serve das diferenças a ponto de produzi-las e aperfeiçoá-las, porque todo esse esforço em mantê-las? *Não se trata aqui de apagá-las ou de homogeneizá-las, mas de pensar em formas de reconhecimento que não tenham a diferença sexual e as demais que a acompanham como baliza de determinação e distribuição dos corpos por "funcionalidade".*

Federici afirma que as mulheres têm um papel diferenciado em relação aos Comuns por serem elas as que sempre se ocuparam dos processos de subsistência. A autora busca resgatar diversos momentos históricos a fim de embasar como as mulheres há muito lutam pelos Comuns e pelas causas ecológicas, isto devido a seu papel na reprodução humana: a de gestarem e, talvez, de amamentarem.

As mulheres seriam as cuidadoras primárias, as mães, educadas para tal: para a sobrevivência dos que delas dependem direta ou indiretamente, e que mais tarde seriam subjugadas pela cultura a cuidar daquele que supostamente proveria para elas e sua prole, o marido.

Como a autora muito bem atenta, muitas mulheres considerariam a tarefa de se encarregar de revolucionar o cuidado algo pior que a morte. Isso porque o cuidado no capitalismo não só tem sua insalubridade, culpa, exigência e sobrecarga de sofrimento psíquico e limitação material, mas também porque é visto como um destino das mulheres.

Ainda assim, a ativista insiste que, uma vez diante do cuidado, essa pauta só pode ser liderada por mulheres, isso porque elas precisam ser as responsáveis pela questão natal e ecológica. Tomemos o primeiro ponto como verdadeiro. Afinal, a questão natal depende *ainda largamente* da força reprodutiva das mulheres. Não é à toa que o direito ao aborto legal, seguro e custeado pelo Estado é uma das principais lutas feministas.

Reclamar o direito do controle da reprodução não está automaticamente ligado a fortalecer o aparato estatal ou lutar para que este garanta às mulheres o direito do aborto assistido e gratuito por seus órgãos universais de saúde. Ainda que esta seja uma conquista primorosa e de difícil execução, basta ver que dentre os países na América Latina o Brasil encontra-se pavorosamente atrasado e reacionário.

No entanto, importam as conquistas que conseguem burlar a maquinaria estatal e os desejos do Capital, mas não só. As mulheres tomarem para si os critérios de decidibilidade para a reprodução vale, porque aquelas que de fato desejam ter filhos, não o fazem porque desejam reproduzir um novo trabalhador para que seja feita a reposição de uma geração por uma nova.

Essa visão é demasiado cínica quando algo do desejo se faz presente. O Estado não deseja proteger as criancinhas, mas precisa que as unidades familiares se empenhem em cuidar e educar aqueles que servirão de mão de obra: "As crianças são o futuro da nação". Grande parte do pânico moral instaurado em torno da chamada "ideologia de gênero" e a "adultização das crianças" diz de uma preocupação estatal quanto à manutenção das famílias cisheteromonogâmicas.

Afinal, os arranjos sexuais que não visam à reprodução sexual são pouco atraentes para o Estado. A própria assimilação de casais homossexuais dentro da conjugalidade e da parentalidade diz de uma estratégia do Estado de incorporar aquilo que aparece como dissidente à norma.

Não se trata neste ponto de criticar conquistas no interior da sociedade em que estamos inseridos ou dizer que assim que logradas, elas perdem seu conteúdo subversivo. Afinal, aquilo que se encontra fora da norma pode ter destinos muito violentos até a sua incorporação. Além do que, a própria Política do Masculino bem que poderia incluir até a exaustão todas as demandas endereçadas ao Estado, ao custo de que todos os corpos assumissem a aparência daquilo que o Estado reconhece como cidadão.

> Uma coisa é construir uma creche da forma que queremos e então exigir que o Estado pague por ela. Outra coisa bem distinta é entregar nossas crianças ao Estado e pedir para que ele cuide delas, não por cinco, mas por 15 horas diárias. Uma coisa é organizar comunalmente a forma como queremos comer (sozinhos, em grupos) e então reivindicar que esse gasto seja assumido pelo Estado; outra diametralmente oposta é pedir que o Estado organize nossas refeições. No primeiro caso, nós recuperamos algum controle sobre nossas vidas; no segundo, ampliamos o controle do Estado sobre nós.[263]

O Comum é uma zona fora da querela reducionista do Estado entre público e privado. Pois bem, se pensarmos o modo como a democracia se deu na divisão entre *pólis* e *oikos*, público e privado, dos homens e das mulheres sob o jugo do patriarca, Política e Povo e Economia e Ecologia, vale a pena mantermos essas divisões por sexo?

Ou seja, será que inadvertidamente Federici endossa uma noção identitária de feminino, que além de conservadora é até um pouco reacionária, já que ela nos convida a olhar sempre para trás?

A questão da gestação e do parto, por exemplo, atos limitados aos corpos que possuem vagina, útero, além de uma série de outras condições para engravidar, gestar e parir, é algo que ela delega às mulheres o controle, e que estou de acordo. Forçar qualquer corpo a passar por uma série de mudanças em nome de um investimento do Estado diz de uma forma de tortura imputada aos corpos desejosos de interromper uma gravidez.

---

[263] Federici (2019, p. 51).

Entretanto, a discussão sobre o controle das mulheres – e vejam bem que para Federici as mulheres com vagina ou designadas como mulheres é que são de fato as que encabeçariam essa luta – sobre o cuidado e a arquitetura de gênero, diria de formas de coletivizar o cuidado, liberando as mulheres dele. Se possível uma analogia, *as mulheres deveriam tomar os meios de reprodução para si*.[264]

Eis um impasse. Para Federici o cuidado não pode ser desvinculado das cuidadoras primárias: *as mães*, as mulheres cis que são, podem ou poderiam ser mães. Seguindo a linha de raciocínio da autora, *há um fazedor por detrás dos atos*.[265] Um sujeito que precede o ato em si, em vez de ser subjetivado de forma contínua e incompleta por ele.

Já Judith Butler,[266] em sua teoria dos atos performativos de fala, discorre sobre como os corpos são feitos, desfeitos e refeitos por processos reiterativos e citacionais, de forma constante e inacabada. O gênero é uma das normas que viabilizam os corpos, mas não é, para a autora, nem a primeira, nem a única.

No livro *Fins do sexo: como fazer política sem identidade*, defendi que a diferença sexual tem a *aparência* de ser a primeira norma, mais material e necessária do que as demais. Para a psicanálise, ainda que no inconsciente exista o primado do falo, a diferença sexual importa para as diferenciações entre o eu e o outro, de corpos necessariamente sexuados.

Por que é preciso insistir nisso? Não é a diferença em si, mas a interpretação enquanto ato criativo de inventar a

---

[264] Marx é crítico ao Socialismo Estatal Ferdinand Lassalle e de seu argumento de que "se a classe operária tudo produz a ela tudo pertence". Tal frase não impõe nenhuma mudança estrutural nas relações de propriedade e de classe. Marx (2012).

[265] Butler ([1990] 2010).

[266] Butler ([1990] 2010), Butler ([1993] 2001).

diferença sexual que faz com que ela tenha a *aparência* de ser natural e primeira. Independentemente da ideia de natureza humana que busquem forjar,[267] de seres humanos voltados para colaboração, toda ideia de natureza humana é necessariamente conservadora, atando os seres numa anterioridade mítica, por mais libertárias e radicais que estas soem.

É a mulher mãe-natureza que Federici aparenta querer evocar com bruxas, comunidades na Idade Média, e experiências nos países periféricos. A questão sobre o corpo da mulher colocada é na verdade a do corpo da mãe. Neste ponto, parece que Federici não se encontra muito distante da confusão de Freud – é claro que para propósitos mais felizes para as mulheres que Freud imaginara. *Seria a Mãe tão ideológica assim a ponto de dar consistência e materialidade para o feminino?* Para Federici a anatomia é destino?[268]

Federici, em seu processo de historicização da anatomia, entendendo-a como técnica de desencantamento do mundo, acaba por tomá-la como verdadeira – ainda que consiga localizá-la temporalmente. Ela acaba propondo uma noção historicizada de "mulheres" que é tão estável quanto a leitura de que gênero é uma interpretação do sexo. Ou seja, *estável a ponto de fazer dela uma identidade.*

A feminista sugere o retorno mítico de uma comunidade de mulheres que partilhavam os saberes da Cura, da medicina, do cuidado com a terra e com os outros, as

---

[267] Para uma visão positiva de natureza humana ver Chomsky (2015). Reitero que, nesta seara, não comungo visão alguma, boa ou má, são todas conservadoras.

[268] Freud opera uma torção à frase creditada a Napoleão de que "A geografia é o destino" para dizer da existência de uma pulsão anal. Tal frase fora retirada de contexto e utilizada de má-fé por alguns psicanalistas como defesa de que a diferença sexual oferece um destino anatômico aos sujeitos; o que de modo algum corresponde a dizer que existam consequências psíquicas da diferença sexual.

mulheres do *oikos*, femininas, férteis, cuidadoras primárias em íntima relação com a natureza e umas com as outras.

Ou seja, ainda que ela não reivindique propriamente a maternidade e a família no interior de seu argumento, há algo da Mãe que se impõe como figura ideológica moderna que reúne uma série de expectativas sobre o corpo feminino. E mais, essa figura se torna tão estável nos seus escritos que ela é capaz de coincidir com o corpo feminino, e reduzi-lo à maternidade.

Ao apresentar qual seria a Política do Feminino, discorro sobre modos de se fazer política prescindindo da identidade, compreendendo que nos entendermos pelo princípio de identidade e diferença (sexual) é algo largamente difundido no interior das subjetividades promovidas pelo capitalismo.

É o sexual que vem à tona de modo a desestabilizar as identidades sexuadas que interessam ao capitalismo. Diante da indeterminação que o sexual produz, a maternidade é evocada para tamponar qualquer coisa amorfa. Essa Mãe que vem à tona, vem *toda*. Existe mais que qualquer figura ordenadora mítica pois parece ponto irredutível e experiência particular de corpo que subjetivaria as mulheres de forma diferenciada: *estamos diante de um novo ser penetrado?*

Em outras palavras: forjar uma identidade e/ou uma nova história das origens é também forjar uma *outra* natureza humana a qual o Capital pode muito bem capturar, e dela se servir. Ao reclamar a liderança e o controle das mulheres nos processos reprodutivos, desavisadamente, Federici evoca justamente a figura que importa ao Capital: a mãe. Esse tiro no pé se torna ainda mais óbvio quando levamos em conta a estrutura hierárquica e especializada de funções de acordo com a diferença sexual que a autora descreve.

De que adianta coletivizar o trabalho se mantém-se a criança referida à sua cuidadora primária? Trata-se de uma coletivização a nível de uma cuidadora primária e muitas outras secundárias, desde que não se terceirize o cuidado? *Aos homens seria delegado parte do cuidado proscrito e pensado por mulheres?*

Federici aponta para o fato de que por mais que o capitalismo prometa investir em mecanizar o trabalho de cuidado, este não pode ser descorporificado. Conforme discutido nos segundo e terceiro capítulos, é preciso um corpo a corpo particularizado com a criança, assim como é para todo adulto. Apesar da urgência em coletivizar o trabalho, ainda terão aqueles aos quais a criança está referida de forma diferenciada da comunidade, e que possuem sobre sua criação um lugar outro, ainda que possa deixar de existir ocasionalmente.

A centralidade do corpo a nível do cuidado não precisa coincidir com a necessidade do corpo generificado. É este ponto sobre o sexual como aquilo que desestabiliza as identidades que precisa ser recuperado diante da mulher de Federici. Para a italiana, a categoria "mulher" persiste enquanto resultado cumulativo de historicização do corpo feminino útil ao Capital. A distinção entre homem e mulher serve ao Capital e precisou ser minimamente estabilizada de forma a forçar subjetividades específicas nas formas de hiperfeminilidade ou hipermasculinidade, em que aquelas que não se adequaram ao tecnicismo territorialista do capitalismo foram caçadas.

A figura da Bruxa importa a Federici em sua recuperação mítica de um tempo em que as mulheres tiveram, supostamente, melhor lugar social e de menor captura em relação às suas subjetividades e possibilidades de existência. Contudo, ainda que ela entenda a produção da categoria mulher enquanto algo forçosamente implementado pelo Capital, ela defende que as mulheres formem uma identidade coletiva e honrem as mulheres do passado e suas experiências de luta e subversão.[269]

[269] Federici (2019).

Esse olhar para trás de Federici é também transposto para um olhar do centro para a periferia. A autora faz um elogio ao primitivismo comunal presente na agência das mulheres no passado e nos países cuja soberania segue ameaçada – por golpes de Estado custeados por grandes potências e *lobbies* locais. Isso a ponto de romantizar a pobreza dos países latinos e suas formas precárias de responder problemas como a fome, a falta de moradia e o acesso mínimo à saúde.

Por mais que a autora creia que *sua mulher* seja subversiva, esta visada é profundamente conservadora e reacionária, não só por estar sempre a olhar para trás na história e/ou nos processos cumulativos de técnica e saber, mas também porque toda ideia de natureza humana engessa o sujeito nos confins da reprodução deste. A mulher que Federici toma como agente se encontra tão misturada à mãe, à cuidadora primária interessada nos processos de cuidado e subsistência que, inadvertidamente, a historiadora produz uma identidade feminina apoiada na reprodução.

É a Política do Feminino, e não das mulheres, que vale para que de fato algo possa ser feito para além da identidade. A política a partir daquilo que no sexual desontologiza os corpos, fazendo da identidade, quando muito, um recurso estratégico diante do Estado a fim de redescrever a norma, ou forçando a deposição do Estado como entidade legalista e coercitiva dos corpos.

É necessário forçar ao ponto máximo a deposição do modelo burguês de família, e não apenas alterar as posições estabelecidas. Federici aparenta crer numa mudança de paradigma das famílias nucleares com seus chefes, para comunidades em que as mulheres exercem liderança coletiva sobre as tarefas de cuidado e de subsistência. Ou seja, se assemelha a um equívoco de valorizar o trabalho doméstico das milhares de rainhas do lar e das mães que há muito se sacrificaram em prol da prole, numa versão estendida e coletiva do *oikos* ligado ao feminino e ao privado. Da coisa privada para a coisa Comum.

Se as experiências comunais visam, em parte, extrapolar a arquitetura concentrada em torno de famílias, é preciso um entendimento destas para além dos tentáculos, como multiformes e do monstruoso,[270] como ameaça à vida social. A família enquanto produtora de subjetividades encerra dentro de si uma série de violências atualizadas no interior de um Estado cuja estrutura é mantenedora e devedora da organização familiar.

Fora as limitações em se pensar sobre experiências comunais no contemporâneo não perpassadas pela austeridade e pobreza, mas sim pela festa, alegria e prazer,[271] vale também a defesa de uma política a favor da desidentificação, como é a Política do Feminino, para que esta não seja compreendida como um mero mover as peças do lugar num mesmo tabuleiro. Um colapso das identidades no sentido de alterar as relações de autoridade, hierarquia, respeito e reciprocidade.

Levando a cabo um processo de desidentificação e desontologização dos corpos importaria buscar quais os pressupostos mínimos para que os sujeitos se localizem e se façam representar dentro do espetáculo da vida cotidiana, para além das estruturas de parentesco e de sistematização sexo-gênero, pois é tão somente a partir da indeterminação dos corpos que se viabiliza uma política em que a diferença sexual não é ponto de partida nem limite de expectativas.

Se a categoria Mãe e/ou constelação de experiências de corpo ligadas à criação de um ser humano "dizem" de uma feminilidade, talvez seja por ser esse o espetáculo por

---

[270] Butler (2003b).

[271] Bey ([s.d.]).

excelência para o que há de irrepresentável no feminino. Nessa ausência de significante que designe o que de fato é a Mulher, neste lugar onde só se encontra a máscara, pode se evocar a Mãe, plena, junto de seu falo-bebê, numa existência *acompanhada* – ainda que temporária.

Como presente na cosmologia do livro *Maíra*, de Darcy Ribeiro, Maíra responde ao seu pai, Mairahú:

> *Mairahú*: Maíra-Poxi, cagão, me ouça.
> *Maíra*: Fala, Mairaíra, meu filho, escuto.
> *Mairahú*: Sou seu pai, me respeite.
> *Maíra*: Sem mim você não seria pai.
> *Mairahú*: Eu sou o um.
> *Maíra*: Eu, o outro.
> *Mairahú*: O outro é nenhum.
> *Maíra*: Eu sou quem é.[272]

Há uma relação intrincada no sentido de que, a criança também tem sua criação na medida que interpreta seu Criador. Apesar desse Outro materno que antecede a criança, há um acontecimento, um antes e depois, a partir do momento em que a criança tem um corpo apartado daquele que gesta e/ou se dispõe a amá-la; quando a criança se torna um outro que não é mais nem falo, nem resto daquele que a supõe sua.

Em outras palavras, a própria existência da Mãe ou da Natureza como destino para os corpos que poderiam gestar não está tão assegurada assim. Afinal, o falo representado pelo bebê é também destacável, sem relação imediata de organicidade, desnecessário e perene. Portanto, dizer da inexistência da Mulher não significa afirmar que não há um lugar para a Mulher, mas que não há nada além da máscara onde colocam a Mulher[273]: a mãe como semblante.

---

[272] Ribeiro ([1987] 2007).

[273] Riviere; Carvalho; Carvalho (2005).

Ainda falar de democracia? Representar a Mulher que não existe

Todos os que se debruçam para além das formas existentes, seja por miríades, utopias ou exercício especulativo, precisam atravessar, necessariamente, o terreno do existente. Isso não significa argumentar por um retorno aos autores cânones, à história, à arqueologia, ou ao que for, mas que há modos como a linguagem e o saber acumulado e publicizado perpassam as produções textuais e coletivas.

Para os que visam a um projeto coletivo de sociedade, a palavra democracia se tornou um conceito chave: ela é tanto o terreno do existente a ser atravessado quanto o horizonte permanente. Tudo isso ao mesmo tempo que a palavra se tornou banal. Todos pedem por (mais) democracia porque talvez ela já tenha chegado ao seu colapso e estamos catando seus caquinhos como tentativa de recuperar uma edificação que jamais esteve de pé.

Não é à toa que muitos se esforcem tanto em recuperar algo da democracia de forma a explicitar como ela não se dá somente em regimes capitalistas. Há também autores que, assim como boa parte da tradição de esquerda trabalhista, são defensores de uma terceira via nos moldes institucionais, na forma de um populismo de esquerda democrático.

No livro *Fins do sexo: como fazer política sem identidade*, argumentei a favor de uma radicalização da esquerda rumo a uma democracia plena. Este termo soa um tanto genérico, mas não corresponde a abraçar a democracia a qualquer custo, como fazem democratas radicais numa visão legalista e conservadora. Trata-se de uma expressão cunhada por Lênin e que diz respeito à democracia emergente junto ao fim do capitalismo e do Estado.

É crível supor que Lênin, caso vivo, teria muito a dizer sobre esse empréstimo que faço de um termo seu desconsiderando livros como "Que fazer?"[274] ou "Esquerdismo, doença infantil do comunismo",[275] em que a filosofia radical anarquista é algo a que ele se opõe veementemente.

Se tomo esse empréstimo, agora o pago com juros. A primeira questão a ser levantada é sobre porque ainda insistem no termo democracia, suas capacidades e limites, e as implicações de termos como modelo favorito de democracia a representativa. A representação tem relação com as identidades geridas no interior da Política do Masculino.

Este é um ponto que importa à Política do Feminino, dado aquilo que no feminino é tanto a ausência de significante no campo do Outro quanto irrepresentável, ou seja, não se trata do espetáculo, mas da mascarada feminina como estetização do que não se representa: *como semblante de semblante*.

Nos demoremos mais nestas questões. O excelente texto de Camila Jourdan sobre a falência da representação na política, diz não só do decaimento de um certo modelo de democracia, mas explicita como este se dá pela via *falsa*. A democracia representativa argumenta que, dada a impossibilidade de reunir todo o povo nos processos deliberativos, o povo deve estar ausente deste processo. Os representantes eleitos por voto popular não representam o povo, mas sua ausência.

É por essa ausência do representado embutida na representação que a vida pública se dá de forma espetacularizada. O que significa isso? Que o espetáculo se dá de forma autônoma aos processos representativos, pois já não possui o compromisso de manter as aparências que tal modelo exige. Bastaria lembrar como a propaganda se faz presente e de forma risível nos atos de política reformista a torto (esquerda) e a direita.

Na eleição presidencial de 2018, por exemplo, o Partido dos Trabalhadores promoveu que seus eleitores

---

[274] Lênin (2010).

[275] Lênin (1978).

comparecessem às urnas portando livros, segundo o slogan "livros, não armas". Na pandemia, a extrema-direita organizou uma performance com caixões na Avenida Paulista, de forma a dizer que não haveria mortes causadas pelo vírus da covid-19, mas sim uma espécie de pânico orquestrado pela grande mídia.

Dito de outro modo, a desconfiança entre os dispositivos jurídicos e midiáticos são partilhados pela esquerda e pela direita num país que nunca pôde de fato confiar em suas instituições e representantes. Enquanto a esquerda institucional tenta salvaguardar a política representativa, a direita brada pela extensão espetacularizada do Estado de Exceção.

O modelo representativo faliu.[276] Este, produz crises administradas para sua própria sobrevivência. Para além das dualidades e supostas correspondências, romper com tal modelo implica romper com as formas de compreensão do sujeito separado do todo. Há sempre o colapso entre o representante e aquilo que ele representa por falsa correspondência. Daí o problema de basear uma sociedade num regime onde nada é verdadeiro e tudo pode se escrever infinitamente de forma alienada.

Se para a psicanálise aquilo que não cessa de se escrever é da ordem da estrutura própria à linguagem e à emergência do sujeito, na articulação entre significante e significado, é porque o significado não visa representar, mas atribuir sentido para o significante que funda o sujeito por extração de gozo. E este significante que funda o sujeito e por meio do qual ele se faz representar é um significante insignificante.

Como isso se volta então para a política? É a questão identitária orquestrada pelo Estado que dita como os sujeitos devem se representar. Não é à toa que a Política do Masculino

[276] Jourdan (2021).

concede que um ou outro sujeito consiga se alocar melhor no sistema de castas do capitalismo e queira aplicá-lo como representante de todo um grupo. Eis o espetáculo televisionado de mulheres, pretos, bichas, queers e de ex-miseráveis no poder: no topo, onde podem ser vistos.

O espetáculo é a representação enlouquecida, independente, em que nada é verdade posto que tudo opera por procuração. A imagem é o representante sem representado do espetáculo político, que só encontra seu antagonista na ação direta do representado com vida própria. Ou seja, no momento da insurgência.

Estamos mais uma vez diante do Soberano que antes se pretendia eleito por Deus, que após a Revolução Francesa passou a ser juridicamente o representante de um Estado Nação. O Estado de Exceção produzido no interior das democracias liberais é tanto jurídico quanto antijurídico. Existe à margem e inclui na ordem jurídica a própria exceção, tal qual descrita na figura de exceção da Política do Masculino. Algo que pode ser produzido inclusive por Atos Institucionais toda vez que o Estado se vê ameaçado por aqueles a quem, paradigmaticamente, o Estado promete o direito de revolta caso ele tenha se tornado tirânico. "Representação e soberania constituem os dois obstáculos ou pontos de conflito para qualquer inovação teórica ou experimentação prática preocupada com a renovação da democracia."[277]

A exceção é encenada pelo representante que funda um conjunto de representados, o povo ausente, e é convocada quando questionado o espetáculo do governante desgovernado, através de atos institucionais que permitem totalitarismos dentro da normalidade democrática.

Vide o AI-5, o ato institucional da ditadura militar que liberou perseguição, prisão e tortura àqueles que se opunham

[277] Hardt; Negri (2006).

ao regime, repaginado pelo Partido dos Trabalhadores durante as Jornadas de Junho e nas manifestações contra a Copa do Mundo em 2013 e 2014, na forma de uma *Lei Antiterrorismo* que aventou, inclusive, prisões preventivas. O governo do PT, partido cujos membros historicamente foram alvo da ditadura sob a justificativa de atos institucionais que também desmobilizavam suas possibilidades para a ação política, não se furtou de lançar mão de uma medida antidemocrática décadas depois, quando chegou ao poder.

Daí porque não importam as manobras que se façam no mesmo tabuleiro ou a identidade do jogador. O poder e a exceção são necessários para impor sua normatividade, uma vez que, para essa ser explicitada, às vezes é preciso suspendê-la para depois replicá-la, por isso o espetáculo.[278]

> Romper com a representação é também entender que a exceção é condição de manutenção do Estado. O que nos leva forçosamente à conclusão que vivemos totalitarismos sobre a conveniente capa de uma democracia espetacular.[279]

A Política do Feminino, por sua vez, diz daquilo que é irrepresentável. Aquilo que é da desordem do sexual e que desidentifica os corpos com os semblantes da cultura. Porque eis um ponto que é mister salientar: para Lacan, a ausência de significante a nível inconsciente capaz de dizer a Mulher faz dessa ausência irrepresentável.

Ou seja, a inexistência da Mulher não implica que não existam mulheres, ou que não haja um lugar social para a Mulher. Significa que esse lugar é fundamentalmente vazio. A nível do sujeito, não se trataria mais do espetáculo, mas dos semblantes disponíveis na cultura. Afinal, a mascarada

---

[278] Jourdan (2019).

[279] Jourdan (2019, p. 11).

feminina corresponde a um parecer-mulher a nível de semblantes, que não são a expressão de nenhuma essência e nem de outra coisa, posto que semblante é sempre semblante de semblante.

Não há nada de falso ou de espetacular, ou de verdadeiro neste parecer. Há, quando muito, a possibilidade de haver um investimento libidinal em algum artefato que pode ou não ter sido culturalmente generificado.[280] Os semblantes contariam a nível de situar minimamente alguns lugares com os quais o sujeito se faz representar a nível social, até porque os atos performativos de fala são também locucionários – eles carecem de contexto.

Retomando em parte as discussões em torno do feminismo que pretende elevar a Mãe como representante de uma feminilidade, e o retorno à realidade biológica como estratégia de fazer representar as *verdadeiras mulheres* com útero e vagina, percebe-se a maternidade como espetáculo. Ou seja, como representação autorreferenciada que ganhou vida própria. Ao passo que, na experiência subjetiva, ainda que um sujeito intente fazer da mãe algo que tampone toda a ausência de significante que diga a Mulher, a Mãe não surge como figura ordenadora, mas como semblante.

Afinal, enquanto na Política do Masculino há um mito do patriarcado que funciona como ordenador dos corpos sexuados no laço social, o mesmo já não há na Política do Feminino. Pelo contrário, não há mito do matriarcado que exerça força o suficiente para organizar minimamente os corpos sexuado e político. É a figura do Pai no lugar de exceção – vejam bem: a figura – enquanto representante da normatividade social que busca garantir a existência identitária do Homem.

---

[280] "[...] essa relação com a norma não se trata puramente de um assujeitamento, mas de vínculo libidinal" (LEGUIL, 2015, p. 49, tradução nossa).

É bem aceitável que a existência a partir do Pai, em relação ao Pai, identificada a ele, hierárquica, unidirecional, a ponto de afirmar que tais questões sobre a existência e a inexistência, as modalidades de gozo de Lacan e os complexos de Édipo e de castração de Freud, tenham sido, desde o início, uma tentativa de dizer como um menino se torna pai e como uma menina se torna mãe.[281] A figura do Pai até pode ter uma Ex-sistência, existir como um de fora no laço social, e é possível falar isso em voz alta sem que façam objeções até mesmo dos pais de carne e osso; mas talvez dizer que a Mãe não exista seja muito doloroso para o nosso narcisismo – fiquemos com a Mulher que não existe e a Mãe como semblante.

A própria Política do Feminino como propus anteriormente, parte da ausência de um mito do matriarcado que opere de forma ordenadora do laço social e suas consequências para se pensar o sujeito e a política. Por não haver Uma que faça exceção, não há Uma que possa ser subtraída do grupo e, por consequência, não é viável a construção de uma unidade a partir de um traço intercambiável que identifique alguns corpos como iguais *versus* diferentes. Ou seja, falar de identidade já é admitir falar de diferença, portanto a lógica para-todos masculina só alcança os corpos que de fato logra em homogeneizar.

Por consequência, partir da inexistência da Mulher para o fazer político não permite uma identidade, unidade e universalidade, mas uma política que afronta o universal. A Política do Feminino admite duas versões, a do não-todo como suplemento e a do não-todo como negação. Enquanto a primeira visa um horizonte de reconciliação democrático, a segunda diz de uma deposição e superação da República, até porque tem-se aí um embate de ideias e de posições

---

[281] Soler (2005).

entre dois autores queer que seguem tradições díspares: a pós-hegeliana Judith Butler e o deleuziano Paul B. Preciado.

Se é lícito ler que Butler apresenta uma vertente política mais condizente com a vida junto da psicanálise, isso diz respeito aos modos como a autora desenvolve sua teoria da ação política a partir do gênero performativo. Mais do que um instrumento de análise crítico, o gênero é um ponto de partida para se tensionar o sujeito que tem consequências nos modos que se entende o fazer político, sua organização e atribuição de sentido.

Em sua teoria sobre os atos de fala, o gênero é tanto uma das normas que viabilizam os corpos quanto aquilo que é performado socialmente de forma intencional e não voluntariosa, reiterativa e citacional, pela nomeação, que possui ares de descontinuidade pela própria falibilidade do poder.

Contudo, a norma, ou melhor dizendo, a heteronorma, é passível de ser tensionada e redescrita, uma vez que a norma produz o campo de abjeção do qual ela se diferencia e mantém com ele pontos de contato. Butler é tanto foucaultiana quanto hegeliana em sua relação com a norma e com a República.

Para a autora, nada escapa ao poder, portanto não há nada que não seja passível de ser capturado por ele e não há como imaginar um mundo sem horizontes normativos que não sejam precedidos pela própria norma que já opera. Ao mesmo tempo, Butler é uma defensora radical de uma democracia que seja hábil em redescrever a norma a ponto de que nenhuma normatividade social seja violenta.

Em sua proposta de políticas de coalizão e de assembleia a filósofa defende, por exemplo, o uso provisório e estratégico de identidades de acordo com as demandas em curso. Recorrendo a Lacan, talvez seja crível supor que Butler reconhece os semblantes no seu valor de semblantes, e como é hábil servir-se deles na política.

Ou seja, ela admite uma existência não-toda às identidades e semblantes, negando a universalidade, mas não de todo. É por isso também que há um horizonte reconciliatório com o projeto democrático que resvala em outro autor que muito a influenciou, que é Hegel. Segundo o livro de Douglas Rodrigues Barros, *Hegel e o sentido do político*, Hegel, ainda que monarquista, era também um democrata radical no sentido de se debruçar sobre a Revolução Francesa e os processos que levariam à República, enquanto partidário da realização desta.

Através de um exame minucioso e especulativo da Revolução Francesa e da República, Hegel não hesita nem se constrange em afirmar que para sua realização seria necessário exportar e importar massa trabalhadora. O trabalho escravo e o terror não são vistos como um mal menor, mas como necessários à própria realização de uma República que, maculada desde o início pelos processos bárbaros da escravidão, nunca de fato alcançará a liberdade em sua realização.[282]

A farmacopornografia de Preciado por sua vez, o uso da técnica e dildos das máquinas desejantes, o leva para outros caminhos e modos de se pensar o sujeito e a política. Sua proposta é menos condizente com a vida, talvez porque seja menos condizente com uma *sobrevida*, da vida como mero viver, ou a vida nos seus quadros de produção da heterossexualidade compulsória. Em vez de *um sujeito político*, "A 'multidão sexual' aparece como o sujeito possível da política queer".[283]

As multidões queer de Preciado, *o Monstro que vos fala*,[284] caminham para uma total implosão do Universal, do referencial fálico, da norma e da República, de forma

---

[282] Barros (2022b).

[283] Preciado ([2003] 2011, p. 16).

[284] Preciado (2019).

que a deposição do poder não corresponda à mudança de pessoas ou de ideologia no poder, de modo que não haja ordenação ou descrição consciente e prévia de um horizonte de normatividade social, uma vez que esse modelo produziu violência.

A questão a ser posta sobre a violência incide inclusive sobre a norma em si. Existe norma não violenta? As bichas trans putas ciborgues cadeirantes chicanas de Preciado bradam que não há. Contudo é mister pensar aqui em dois pontos problemáticos, Preciado aponta para uma ruptura, de um acontecimento em que haja um antes e um depois, uma destituição sem programa instituinte que a suceda. Sua política estaria ligada ao que nomeei de não-todo como negação, que nega o todo em sua totalidade. Por outro lado, não é possível recuar que para negar o todo é preciso também reconhecê-lo, e que esse reconhecimento implica também estar referido minimamente a ele. O que fazer então para que a norma não volte para nos morder pelos calcanhares?

> O fato de que haja tecnologias precisas de produção de corpos "normais" ou de normalização dos gêneros não acarreta um determinismo nem uma impossibilidade de ação política. Pelo contrário. Dado que a multidão queer traz consigo mesma, como fracasso ou resíduo, a história das tecnologias de normalização dos corpos, ela tem também a possibilidade de intervir nos dispositivos biotecnológicos de produção de subjetividade sexual. [285]

É claro que partir de um ponto não precisa significar o eterno retorno ao mesmo, ou de uma grande espiral a girar em torno de um mesmo ponto ou de infinitos pontos a formar uma reta, com ou sem sentido – ou no sentido temporal de nossas experiências.

---

[285] Preciado ([2003] 2011, p. 18).

Se em Butler vemos um horizonte de reconciliação, isso se deve a uma certa visada sobre a história que a toma de forma progressiva, cuja totalidade poderia ser alcançada pela soma das partes com igual valor.

Afinal, é tarefa da história tentar integrar acontecimentos e rupturas dentro de uma certa linearidade e totalidade, ainda que a ruptura vise desinstituir aspectos até então fundamentais da vida humana. Mas é também tarefa da história estender noções de temporalidade e criticar o entendimento progressista e/ou conservador, de que a história ou evolui ou se repete. Tomar a história sempre a partir da reconciliação dificulta reconhecer o valor em si das Insurreições, como se estas fossem o anúncio e/ou o fracasso da Revolução que poderá, ou não, advir.

Enquanto Preciado questiona a própria validade da República e da integração das diferenças via lutas por reconhecimento, afirmando inclusive que, apesar da prática de desidentificação, não se trata de uma postura anti-identitária, Butler defende uma democracia radical a partir da vulnerabilidade dos corpos contra a violência do Estado, uma vez que o "viver é sempre viver uma vida que é vulnerável desde o início e que pode ser colocada em risco ou eliminada de uma hora para outra a partir do exterior e por motivos que nem sempre estão sob nosso controle".[286]

Contrapor tais autores ajuda também a avançar algumas ideias para nos advertir do cinismo. Tanto no sentido de que se espera algo do pior para a manutenção do regime democrático, e descreve-se com imensa tolerância e apatia numa forma reconciliada; quanto cínico a ponto de se resignar a uma crítica que leve à inibição, como se nada fosse factível e executável tal como imaginam as figuras intelectuais em suas torres de marfim.

---

[286] Butler (2018, p. 52).

Vale questionar o modo como o capitalismo é lido pela classe intelectual enquanto realidade insuperável a ponto de toda a produção crítica inglesa ter assumido posições a favor da terceira via trabalhista e os modelos reformistas dentro do Estado que servem ao Capital. O realismo abissal do Capital é o que faz a crítica ruir,[287] o que impede a crítica e ação coletiva de extrapolar a gramática e a estética exigidas pelo Estado.

Há ainda teses mais conservadoras que advogam que, nos casos de má gestão, em que as figuras de exceção não mais operam como ordenadoras, ou por serem demasiadamente tiranas ou por se encontrarem deslocalizadas, pulverizadas e carentes de maior crença por parte do povo, têm-se a possibilidade do advento de uma zona de anomia em que o terror possa se instaurar.

Esse é um modo de advogar pelo poder Soberano admoestado dentro dos valores da República.[288] Reconhece que há uma continuação entre o lugar de exceção com o regime democrático que supostamente depôs o regime monárquico. O interessante é que a descrença no grande Outro que fantasiosamente levaria à barbárie tem ares hobbesianos, da justificativa da necessidade do Estado como detentor de toda a violência, posto que os homens teriam essa natureza. O que se percebe é que os processos de racionalização e da vida administrada, esses sim, levam à barbárie[289] – e neste

---

[287] Fisher (2020).

[288] Vimos recentemente como Miller (2022) corrobora tal posição ao se declarar, nas últimas eleições, contrário ao candidato da esquerda Jean-Luc Mélenchon, após este equivaler os candidatos Emmanuel Macron e Marine Le Pen. Para o psicanalista, tal comentário diz de um golpe. Apesar de grande apoiador das candidaturas petistas no Brasil, Miller declarou seu voto em Macron, mesmo após este parodiar a frase de Luís XIV e proclamar "A República sou eu".

[289] Safatle (2019a).

ponto não há nenhuma natureza humana interpretada, ou seja, criada.

Este argumento é largamente aceito pela comunidade psicanalítica que luta cada vez mais para fazer parte dos espaços institucionalizados. Temendo-se o retorno do recalcado, do próprio Pai da Horda, defende-se o zelo pela democracia representativa e institucional, abrindo minimamente fissuras internas: ou seja, defende-se o Pai Soberano numa versão mais agradável.

É risível pensar que, enquanto Lacan fora expulso de alguns lugares,[290] o projeto que a psicanálise lacaniana assumiu postumamente foi de se imiscuir cada vez mais na coisa pública. Miller[291] retoma Freud[292] e suas previsões de futurologia: que para que a psicanálise sobreviva é preciso que ela se institucionalize.[293]

Nessa mesma toada, Laurent,[294] em seu texto "O analista cidadão", faz um apelo aos colegas analistas que esses assumam uma posição dentro da política cumprindo os anseios democráticos. Quais são eles? Os existentes. Ao analista não cabe o lugar de engendrar novos ideais, modos de gozo, ou práticas clínicas alinhadas a um programa político progressista, revolucionário ou reacionário. Se é razoável este comentário, beira o absurdo não assumir que é de um extremo conservadorismo participar do fortalecimento

[290] Não esqueçamos de que Lacan fora, segundo suas palavras, *excomungado* da IPA, e rechaçado pelos estudantes maoístas no Maio de 68, que o tinham como um burguês, enquanto ele afirmava que os estudantes ansiavam por um novo mestre.

[291] Miller (2008).

[292] Freud ([1914b] 1996).

[293] Agradeço a Lucas Lopes por esse comentário sobre a relevância da psicanálise nas políticas públicas no Brasil.

[294] Laurent (1999).

da política institucional e de defesa pela consolidação da democracia que já existe.

Aliás, é esta a posição que apregoa a centro-esquerda institucional com suas políticas de pactos e reformismos tímidos. Para Laurent, o analista deve ser útil a ponto que não se recue desta palavra, útil no sentido de fazer valer o para-todos (estamos na lógica masculina!) e as particularidades de cada um articuladas às normatividades sociais.

O contrário disso, para o francês, seria uma posição cínica assumida pelos psicanalistas da desidentificação, cuja visão sobre política seria tão abstrata ou de difícil implementação que, diante da impossibilidade, melhor nem tentar. Ou seja, Laurent atribui imobilidade e inibição àqueles que pensam a política para além do paradigma institucional, mas não deduz que defender a utilidade, que é a pergunta cínica por excelência a ser combatida na sociedade do utilitarismo, incorre em algum tipo de contradição interna.

Afinal, é possível ver também que grande parte de sua postura decorre da ideologia francesa e da tentativa de fazer reluzir o brilho perdido nos Direitos do Homem,[295] como ele logo cita de início em seu texto.

Recorrendo então à ironia, esta que é própria à dialética negativa, para responder ao cinismo e à acusação de cinismo de Laurent, vale citar Machado de Assis e o livro *Quincas Borba*. Tanto na personagem Quincas Borba em *Memórias póstumas de Brás Cubas* quanto no romance *Quincas Borba,* Machado recorre à ironia para dizer como os ideais civilizatórios assimilados no Brasil colônia se deram de forma cômica, posto que se encontram, desde sua emergência, comprometidos. Estão fora de lugar geograficamente até mesmo na Europa – é a

---

[295] Tal defesa à ideologia francesa contra as perturbações vindas dos Estados Unidos e das minorias sociais é também citada por Butler (2003a).

civilização que leva à barbárie: "'Sou um agente da civilização contra a barbárie.' Poderia ser Quincas Borba, mas é Fernando Haddad, ainda enquanto prefeito de São Paulo, em 2015".[296]

Esta bem-aventurada passagem endereça tópicos fundamentais para se pensar a civilização, a barbárie, a ideologia francesa e a forma como ela se dá nos tristes trópicos brasileiros, como um bovarismo *borbáro*.[297] Ou seja, por mais importantes que sejam os movimentos de tentar fazer valer algo da civilização e da utilidade como modos de exercer uma cidadania ativa, é preciso não reduzir as políticas da psicanálise e da esquerda a isso. A política não pode se limitar à gestão: ela precisa se manter crítica aos processos que tentam justificar que a civilização corresponde à gestão e que o contrário disso seria a barbárie. O Brasil, na sede de ser outra coisa para além da republiqueta de bananas, da sua modernização violenta (e lenta) integrada com a escravidão, não faz mais que parodiar toscamente a promessa civilizatória que nunca virá; e que talvez aparente ter logrado lá fora onde exportaram sua bela ideologia com *bélle indifférence* enquanto colonizavam e escravizavam outros povos.

"Mas não existe modelo melhor (ou que funcione) do que o da democracia (liberal e representativa)." Este é o cinismo que desempenha papel crucial na falência da crítica e da imaginação política. A própria tentativa de imputar ao intelectual a representação de figura apartada do povo, como classe ociosa,[298] é uma das maneiras de fazer com que seja inadmissível agir fora do programado, ou com um programa contrário ao vigente. Ainda que existam os "filósofos" mais bem alinhados com a aristocracia da época, sejam eles mais ou menos filósofos ou mais ou menos arcaicos, é possível ir

---

[296] Catalani (2021).

[297] Faço essa analogia retomando o trabalho de Kehl (2018).

[298] Safatle (2019a).

de Olavo Carvalho a intelectuais moderados nessa lista: estes sim, os integrados, que são úteis em sua cidadania.

Voltando ao inexistente, interessa então o que há de generativo no indizível da Mulher para se pensar o porvir, e de como este assume ares fantasmáticos na era das expectativas decrescentes, em que o próprio cancelamento estético do futuro[299] é encenado lentamente na política representativa brasileira, e suas formas conciliadoras do arcaico com o moderno.

Se não dizer algo é também um recurso estratégico, é preciso que esse silêncio atuante não seja assombrado por um passado mítico, comunal ou até mesmo um passado que é sua repetição no agora, na forma de uma não vida que precede a morte: "[...] diante da falência das metanarrativas, é difícil até mesmo imaginar algo deste porte hoje, não conseguimos conceber outro evento final total que não o apocalipse".[300]

É esse o estado de assombroso fracasso e permanência do *mesmo* dado aquilo que antes não vingou: *a superação do capitalismo e suas formas de dominação social que incluem a produção da diferença sexual como algo a ser manejado e explorado em seu interior.*

A conciliação não violenta que o Brasil fez e faz do arcaico com o moderno é o que nos leva às campanhas políticas de centro-esquerda progressistas com *slogans* clamando pelo passado: *O Brasil feliz de novo*, *Para o Brasil continuar mudando*, *Haddad é Lula*. Ao passo que a extrema direita planeja e promove uma metáfora da ruptura radical com promessas de um novo que, se por um lado clama pela tradição, a família, a moral, a ordenação dos corpos pelas diferenças sexual, racial e de classe, e a estética nacionalista da ditadura militar, não promete nada além do fim daquilo

---

[299] Fisher (2022).

[300] Jourdan (2022).

que já existe para a manutenção do existente. Ainda que pareça contraditório, o discurso antissistema repleto de arcaísmos visa justamente à manutenção do sistema através da exceção violenta e espetacularizada. Isso já é suficiente para a adesão de grande parcela do povo que sente não ter mais nada a perder.

A radicalização da extrema-direita no Brasil faz da esquerda brasileira moderada, institucional e conservadora. Contra isso, em vez de clamar por mais democracia, ou outro tipo de democracia, há quem defenda as noções de autonomia, autodeterminação e autogestão, que desde início soam abstratas perto da assombrosa repetição da democracia em todas as suas versões.

Como pensar todas essas práticas coletivas e autorreferenciadas diante da indeterminação dos sujeitos e da crítica à administração da vida que concerne à Política do Masculino? Como pensar a própria liberdade tendo em vista essa autorreferencialidade sem que isso se torne em um constante autolegislar?

No livro *Da democracia à liberdade*, há uma forte tentativa de distinção da democracia com o ideal de liberdade, mas há também a ideia de que com a superação da democracia se torna possível imaginar formas de autodeterminação que conduziriam de fato à liberdade. Dentre as críticas à propriedade e às formas de dominação social, bem como à liberdade reduzida ao comércio, há também uma promessa de liberdade em que nenhum corpo se encontra assujeitado pela vontade de nenhuma exterioridade.

Há um denominador comum em relação às leituras sobre liberdade que remetem à racionalidade francesa, no legislar sobre si mesmo através do contrato social de Rousseau,[301] e, se liberado acrescentar, supor-se uma *res cogitare* sobre

[301] Safatle (2019b).

uma *res extensa*, pelo exercício reflexivo cartesiano se supor também uma consciência existente capaz de dominar aquilo que se tem e se é.

Ou seja, a ideia de propriedade continua à espreita da noção de liberdade, ainda que na forma de uma propriedade de si. Não há problema real entre a dominação e sujeição, desde que o corpo que se submete coincida com aquele que o comanda. Temos aí também a versão sofisticada das relações de trabalho do capitalismo atual e suas figuras do profissional autônomo.

Como superar a visão de autonomia moral como aquela em que o sujeito dá a si sua própria lei, a ponto de poder tornar-se soberano e servo de si mesmo? Safatle defende que há em Judith Butler uma recuperação da ideia de heteronomia sem servidão, na medida em que Butler pensa também processos de relacionalidade em que, uma vez em contato com o outro, somos despossuídos de nossos atributos. Dito de outro modo, trata-se de uma relação em que não sou nem propriedade ou proprietário de mim mesmo, nem propriedade ou proprietário de um outro que despossuo e que me despossui ao mesmo tempo.

Para além das questões da liberdade ser colocada como restrita ao livre comércio de mercadorias e como o poder de tomar a si mesmo como bem, resta perguntar se este ideal seria aquele capaz de nos guiar para a autodeterminação de fato. Afinal, esta é a promessa a ser realizada desde a República e que, malograda desde o início, parece destinada ao pior: bradam pela liberdade de uns, às custas de muito sangue de outros.

Além do mais, este é um ideal inspirado na tradição judaico-cristã de livre-arbítrio e que se vê, desde muito, comprometido com outra ideia cristã, a de predestinação. Contudo, o que pode um povo escravizado senão ansiar por sua libertação e, ao fazê-lo, inventá-la? A via messiânica é a ensaiada pela Política do Masculino em que *aomenosum* ocupa o lugar de exceção, e o faz enquanto morto, ou seja, o faz como exceção à regra que funda.

O Messias que vem à terra e que morre pelos pecados do mundo assassinado pelos homens é tanto o filho de Deus quanto Deus em si. *Deus está morto*, seu mito sobrevive. É preciso se atentar para o potencial político e gregário da religião, e o que foi feito disso pelas igrejas a nível de política institucional, partidária, como parte do desmonte das políticas públicas universais, vide as comunidades terapêuticas e seu discurso moral, violento e anticientífico.

Mas há ainda outras faculdades que acompanham a liberdade bem como outras experiências que esta poderia gerar. Contudo, se a liberdade presume também igualdade entre os homens, ausência de todo e qualquer tipo de dominação, não há como haver liberdade na República, enquanto produzirem diferenças para fins de exploração – tendo na escravidão a sua face mais bárbara. "Trata-se aqui de discutir um modelo alternativo para pensar a liberdade enquanto horizonte regulador de processos de emancipação social. Tal modelo parte da tentativa de dissociar liberdade e autonomia."[302]

Uma liberdade sem autonomia se dissociaria do poder e produziria novas formas e critérios de decidibilidade para além do pareamento de supostos opostos, contrários ou duas expressões do mesmo. E uma heteronomia sem servidão, uma normatividade social não hierárquica, exporia tanto a interdependência entre os corpos e os objetos, a vida animada e a inanimada forçosamente apartadas a partir de modos de cognoscibilidade e de apropriação, *sem que isso recaia numa solidariedade frente ao reconhecimento da vulnerabilidade humana*.

---

[302] Safatle (2019b, p. 22).

No projeto por uma democracia real, seria importante modificar o entendimento sobre o exercício do poder, o que não implicaria em falar sobre autogoverno ou autodeterminação porque há uma ipseidade entre a representação e o representado, uma identidade no sentido de que o indivíduo seria *ele mesmo* dentro da vida conjunta a partir do que ele possui de mais singular.

> Por ipseidade, eu subentendo pois algum eu posso ou ao menos o poder que se dá a si mesmo sua própria lei, sua força de lei, sua representação de si, o coletivo soberano e reapropriados de si na simultaneidade da assembleia ou o estar em assembleia.[303]

Enquanto Jourdan[304] afirma que na ação direta não haveria representante, somente representado, Safatle argumenta como o domínio de si talvez ainda se faça presente dentro da coletividade, implicando que haja, mesmo sem representante, a representação e o representado. Ou seja, pelo *poder* do indivíduo se legislar, ele pode "representar-se a si e estar em assembleia", há portanto identidade entre a representação (a lei e o estar junto) e o representado (o caso e o estar em seu domínio).

Ambos os autores parecem estar de acordo que o paradigma comunicacional com seus critérios duais de decidibilidade, cognoscibilidade, de cálculos de meios e fins precisam ser superados, para que se possa fazer da democracia outra coisa além daquilo já colocado pela representação. A liberdade seria um horizonte difícil de imaginar fora ou antes dos espaços e das relações de assembleia, dos Comuns, das zonas autônomas temporárias.

---

[303] Safatle (2019b, p. 25).

[304] Jourdan (2022).

Os pontos em que os dois filósofos encontram divergências dizem de uma certa escolha de objeto de análise. Enquanto Jourdan se atenta à ação direta, Safatle pergunta como formar um corpo político. Se focarmos na ação direta, ela coloca em xeque a necessidade de constituir primeiro um sujeito específico que preceda a ação política, ou que seja lá produzido por esta. No segundo caso, vale pensar as condições materiais que se fazem necessárias para a produção de um corpo político, entendendo que elas também incluem subjetividades específicas.

Se ambos comungam com o fato de que aqueles que compõem um corpo político, mesmo que momentaneamente, ou que participam de uma ação direta se veem afetados por essas experiências, o que está em jogo nessa relação é a temporalidade: o que antecede, o que acontece e o que sucede o evento.

Neste embate, concordo com Jourdan no sentido de não tomar a temporalidade de modo a construir meios para um fim. Ao mesmo tempo em que, assim como propõe Butler, não julgo interessante presumir que é imprescindível que haja um fazedor por detrás de um fazer. Acredito que para agir politicamente seja necessário experimentar algo do feminino no sentido da despossessão, e que os entendimentos que os sujeitos produzem sobre si são consequentes para pensar como estes se organizam politicamente. Mas o que o sujeito irá ou não vivenciar em relação ao sexual fica a encargo da contingência, que não pode ser produzida, e da reflexividade, que não pode ser fixada.

A preocupação de constituir um corpo sexuado dentro de um corpo social é própria àquilo que chamei de Política do Masculino, onde a identidade sexuada e suas derivações figuram como principal estratégia para a construção de um corpo político, de acordo com os formulários do Estado. A Política do Feminino, por sua vez, parte daquilo que no sujeito é indeterminado e suas consequências para a ação política. Em vez de um corpo sexuado, a despossessão do sexual pela Inexistência; em vez de corpo unificado, o corpo monstruoso, aberto e contingencial; em vez de Universalidade afirmativa e fechada, o não-todo em duas versões: de suplemento e de negação.

Por outro lado, não deixo de reconhecer como é de suma relevância política e clínica aquilo que é levantado por Safatle em relação a não fazer da autonomia um autolegislar. Trata-se de não deixar de lado o sujeito em sua singularidade. Em vez de puramente defender a dissolução de todas as formas, a questão da ipseidade importa como uma borda possível, um cuidado para com o sujeito que se vê atuante na política, de modo que isso não se dê na forma de uma alienação de si.

A noção de ipseidade serve como uma ancoragem simbólica para o sujeito *poder* se fazer representar onde há representação: na assembleia. Uma forma do sujeito não se perder no todo e nem de tornar-se um mero representante do todo, como quer a Política do Masculino e sua lógica, estas que são de fato alienantes. E também de poder formar momentaneamente, estando em assembleia, um coletivo fora da lógica identitária, a partir das singularidades que se dispõem ao fazer político.

O Real lacaniano enquanto limite lógico serve aqui à discussão uma vez que, de fato, tanto a democracia quanto a autodeterminação tenham, e isso não é surpresa alguma, a liberdade enquanto ideal. O Real é tanto aquilo é irrepresentável, e que por isso mesmo não cessa de não se escrever, quanto o que tem relação com a desordem do sexual que coloca o sujeito diante de sua opacidade, das formas em que ele não pode mais se reconhecer.

Como falar de liberdade diante daquilo que no sexual atenta contra os princípios de razoabilidade que habilitam um sujeito a falar de si em primeira pessoa? Diante do que borra os contornos e limites corporais, das experiências psicossomáticas, das manifestações inconscientes, dos investimentos libidinais parciais? Diante das animalidade, monstruosidade e impessoalidade do sexual?

Seria preciso produzir uma outra democracia a partir do irrepresentável? Outra forma de autodeterminação sem o legislamento de si? Liberdade sem autonomia, Heteronomia sem servidão, Democracia sem exceção? *Ou essa outra coisa poderia ser encontrada no Comum desde que abandonemos a noção de propriedade, inclusive dos atributos sexuais primários e secundários pela via da despossessão sexual? Ainda falar de democracia frente o indizível da Mulher?*

As investigações conduzidas até aqui caminham para a seguinte conclusão: é mister romper com o pressuposto identitário para se relacionar, fazer política e se constituir minimamente enquanto coletividade, e isso inclui repensar o cuidado como atrelado a certos atributos físicos em detrimento de outros. Para pensarmos o Comum enquanto coletivo de singularidades, tal como proposto nas Políticas do Feminino, é preciso não só recusar a forma propriedade e suas divisões entre *público* e *privado*, mas que isso recaia também sobre os corpos e os modos como estes se interpelam. Não há necessidade, muito menos desejo, das mulheres tomarem seus maridos como filhos e nem que a coletivização do cuidado seja sua tarefa. Não se visa aqui nenhum sucesso ou recompensa final preestabelecidos, mas a possibilidade de novos presentes e futuros a serem escritos.

Conclusão

Jogando o homem-bebê com a água do banho fora: nutrindo Comuns

Ao longo deste ensaio, procurei tirar as consequências máximas da seguinte frase: "O casamento mesmo não está assegurado enquanto a mulher não conseguir fazer do seu marido também seu filho e agir [*agieren*] como mãe em relação a ele".

Tomando a primazia do objeto por método, deparei-me com a minha primeira interpretação: de que esse agir significaria cuidar. Sendo a interpretação um ato criativo, e não descritivo, percebi logo de cara que não se tratava disso, ou, ao menos, não especificamente.

Ao trazer esse ponto do "agir [*agieren*] como mãe em relação a ele", Freud é astuto em indicar como é possível passar da Lei para o desejo, do imperativo moral que é formativo do caráter do sujeito para a ética da psicanálise, que não é outra senão a do desejo. Ao tomar objetos que não possuem nenhuma adequação melhor do que a de se situar "como se" o fossem, ele se situa duplamente como homem vitoriano e à altura das transformações de seu tempo.

Enquanto um homem de seu tempo e defensor da conjugalidade nos parâmetros de época, Freud não acreditava que haveria deslocamentos atingíveis às mulheres para além do casamento e da maternidade.[305] Almejar

[305] Kehl (2007).

qualquer existência fora desta normatividade, que até então se impunha, levaria as mulheres a toda uma sorte de sintomas histéricos.

Traçado o destino aos quais as mulheres se opunham com o corpo, às vezes adoecido, não caberia outra coisa ao analista que não fosse tentar conduzir suas pacientes ao árduo caminho da feminilidade normal – que muito provavelmente as esgotaria antes que completassem 30 primaveras.

É visível que se tem aí a primeira confusão à qual Freud se presta, de presumir que a mulher, a esposa e a mãe são a mesma pessoa. Freud não incorre somente nesse deslize, a menina também já se vê misturada com a mulher, a esposa e a mãe. "*Anatomia é destino*" político[306] para as concepções genitalistas dos corpos, que tomam a diferença sexual como ponto de partida para suas elaborações – e isso inclui alguns modos pelos quais o feminismo se enveredou.

Crítico ao acordo de cavalheiros,[307] que fazia da histeria um indício de que haveria qualquer coisa de sexual dentro do casamento que não iria lá tão bem, tudo isto para se preservar a virilidade do homem burguês tal como exigido na época, Freud aparece paradoxalmente como um defensor de um casamento bem-sucedido. Seja pelas cartas e recomendações que endereça à então futura esposa, ou pelo argumento moral de que uma mulher deveria tomar seu marido por filho e agir em relação a ele como mãe.

Ao prescrever lugares, Freud não só faz gênero, mas o faz às custas do dilema do sujeito moderno por excelência: o de se realizar como indivíduo ou de se realizar no interior de uma família. Essa cisão acometeu homens e mulheres da época de Freud: a paixão por ser Outra coisa; porém, somente

[306] A Napoleão é atribuída tanto a frase "A geografia é o destino" quanto "A política é o destino".

[307] Kehl (2007).

os homens puderam se lançar em direção a suas fantasias, enquanto as mulheres foram constrangidas a fantasiar sem realizar nada, e disso padecerem.

Freud oferece, então, que para um casamento ser bem-sucedido, para que uma mulher possa realizar seu destino de mulher, a esposa deve se realizar através de seu marido, tal qual uma mãe se realiza por meio de seus filhos.

Esse casamento e maternidade como meios para um fim, no caso da realização através das concessões de objeto, supõe tanto uma mulher disposta a abdicar do que havia fantasiado para si, como apta a satisfazer-se por procuração. Essa seria para Freud a feminilidade verdadeira, a que toma um homem por conector.

Mas há muito mais em jogo aqui do que simplesmente sustentar a crítica àquilo que Freud concebeu como deslocamentos viáveis às mulheres de seu tempo. O psicanalista indica também as posições paradoxais nas quais um sujeito, que inevitavelmente experimentou a posição de filho, se vê atravessado, ao ser tomado como objeto, como falo, e como alteridade por um Outro, agente que o toma.

Ao fazer isso, ele traz à tona o aspecto libidinizante da moral, esta que incide com a força de *uma* negação, e que difere da norma e seus quadros de referência, geralmente utilizados pelos estudos de gênero, e que são, ao mesmo tempo, generativos e coercitivos.

Da situação inicial de desamparo com a qual todo sujeito é forçado a se deparar, é lícito extrair o componente moral ao qual o mesmo é submetido ao ser tomado como objeto do Outro materno. O masoquismo moral tem papel constitutivo do caráter do Eu, de internalização da Lei, continuadamente reiterada pelas metas morais civilizatórias, pelas vias sacrificial e de concessão que mantêm o laço social.

Declinar da moral para o desejo consiste em fazer do desejo a própria ética da psicanálise. Estamos diante do falo enquanto lugar que um sujeito pode ocupar, e se supor dialeticamente em relação, pelas lógicas do ser e do ter. Ser o falo que completa o Outro materno, ter o falo como dom capaz de completar o Outro materno, sem que isso absolutize posições de feminilidade ou masculinidade.

Se a moral sexual tem lá seus efeitos de adoecimento, a ética não se coloca avessa à moral e do lado do gozo. A ética da psicanálise não está ao lado da pura transgressão ou do excesso experimentado pelo Um em sua solidão, mas do desejo. Esta ética consiste em fazer valer algo do laço para além das gramáticas morais de nosso tempo. É o desejo que busca seus objetos fugazes no Outro, consentindo que algo (do) Outro se faça presente, enlaçando o sujeito e o(s) outro(s) pela via do amor, de modo que se faça no mínimo dois onde há empuxo a favor do Um.

O casamento é a instituição escolhida por Freud, e não por acaso, para discutir questões sobre desejo, amor, fetiche, libido, pulsão e demanda. Questões que podemos retomar através de Lacan para pensarmos também o gozo, a ética e o laço social. Considerando que é próprio do mal-estar civilizatório as demandas pelo sacrifício e a concessão, talvez uma questão a ser formulada refere-se a se o cuidado poderia ser um modo de fazer concessão a favor do objeto. Afinal, é certo que é preciso minimamente que este exista, para que de fato algo possa ser produzido além da reprodução. Logo, foi preciso depurar quais as questões éticas e quais as questões morais que circundam o que se entende por família e por cuidado.

O trabalho de cuidado nas formas do trabalho doméstico, ou do cuidado com os filhos e/ou com o próprio marido, como muitas vezes performado por aí, pode ser uma forma de fazer uma concessão a favor do objeto para que o outro se realize. A questão é de como ela é moralmente imposta e generificada.

Os discursos que defendem a família, a tradição e a religião têm grande papel nessa imposição social, mas por si só não garantem o assentimento dos sujeitos que se acreditam obrigados a agir de acordo com supostas ordenações. Por isso a pertinência de recuperar discussões sobre a forma com a qual os sujeitos introjetam certas normatividades e atuam segundo elas, por mais prejudiciais que estas possam ser.

Resgatar questões sobre a servidão voluntária, a submissão feminina e o masoquismo moral foram então cruciais para distinguir o cuidar do servir, ainda que a moral procure fazer do cuidar uma servidão. A aposta neste estudo foi que a moral recai também para higienizar o cuidado assim como o faz com o corpo da mãe. Forjando a submissão feminina como um véu para a castração, como modo de ostentar um menos.

Um sujeito que se entrega aos cuidados de outrem, a favor do objeto, num sem limite de concessões, é também um sujeito que se acovarda diante de um desejo que está sempre a perscrutar seu objeto no Outro. Se para Freud e Lacan a Mãe é também todo um bloco de experiências e de funções por meio do qual um sujeito virá a se constituir como desejante, é porque importa esse corpo a corpo inicial em que algo do desejo da Mãe pelo bebê esteja ali, desde que ela não abocanhe o bebê por completo. Ou seja, toda essa entrega que Freud credita à Mãe é preciso ser vista com alguma desconfiança.

Ainda assim, ele constrói uma saída da feminilidade que serve aos homens, tão quanto a ideia de submissão feminina ou de dividir a sociedade a partir do sexo e de funções reprodutivas servem ao Capital e a suas formas de ordenação social.

Interessado no bom funcionamento conjugal e na realização pessoal de ao menos um dos membros do casal, por nenhum motivo especial, o homem, Freud advoga por uma feminilidade normal que melhor sirva seus propósitos.

A figura da Mãe será então convocada por poluir, desde cedo, a sexualidade infantil, por mais assépticos e dentro da vigília tenham sido os cuidados na infância.

A tentativa de recuperar o lugar de filho junto a sua mãe na idade adulta mostrou que há uma certa expectativa de continuidade entre as relações de filiação e casamento, desde que respeitado o tabu do incesto. Esta expectativa, de reviver as primeiras satisfações, dizem também de uma certa fantasia de ocupar o lugar de falo do Outro, uma vez que é este que está em jogo na dialética do desejo.

Para além de algo infantil manifesto em Freud, percebe-se também algo da passividade, e por vezes, algo daquilo que ele credita ao feminino, em seu desejo de ser amado. A questão aqui, ao dizer de uma passagem do falo-bebê ao homem-bebê, é que este *continuum*, em que o homem seria o meio pelo qual uma mulher poderia se realizar, impõe também lugares na reprodução e nos modos de se fazer parceria a partir da diferença sexual.

Crer que as mulheres exercem sua maior atividade fálica na maternidade – sejam nas versões com ou sem filhos, já que uma mulher pode muito bem ter um marido por filho segundo Freud –, e entendendo esta como bloco de experiências que podem vir desde a gestação até os cuidados e as concessões a favor do objeto, é também limitar o horizonte de atividades que seriam admissíveis às mulheres.

Essa interpretação do corpo como sexuado e destinado a papéis específicos na reprodução, que vão desde a cópula até a maturação e o advento de um outro que possa se constituir também como sujeito sexuado, reiterativamente, restringe os modos como os homens cishétero se veem ou não atravessados pelas experiências de cuidado e pela possibilidade de serem, inclusive, cuidadores de outrem.

O enfoque no Sexo enquanto diferença perde de vista o sexo enquanto ato que, aliás, pode se dar na indiferença dos Sexos que deste participem. Freud, enquanto alguém que sustentou o argumento do tabu incesto como a maior interdição sexual exigida pela cultura, o viabiliza na forma institucionalizada. Não basta dizer que a escolha de objeto amoroso do homem adulto se dá segundo o primeiro objeto de amor, a mãe, é preciso que, no casamento, a mulher tome seu marido por filho e aja em relação a ele como se fosse sua mãe.

O casamento se torna a instituição que garante o advento não só de um filho, mas de uma mãe que se ocupará deste filho – até mesmo antes da dita reprodução. Recuperar o sexual importa para que a insistência do Capital em converter todas as atividades humanas em trabalho não vingue. É preciso trazer à tona o que há de sexual no cuidado, e o que há, inclusive, de vil naquilo que é da desordenação própria do sexual para buscar alcançar algum conteúdo de verdade sobre o que é o cuidar e o que são as concessões a favor de um objeto que uma mulher pode se prestar numa parceria amorosa.

Como debatido, o Erotismo não é contrário ao casamento. O que se opõe ao Erotismo é o casamento que inclui o sexo e o cuidado como um meio para um fim: o que reduz a relação a um cálculo para que essa seja *bem-sucedida*.

Diferentemente das saídas propostas para a feminilidade ofertadas por Freud e Lacan, da frigidez, do complexo viril ou da feminilidade normal na forma do casamento e da maternidade – as saídas fálicas de Freud – ou a de ser o falo, proposta por Lacan, o feminismo criou outras saídas. Se a psicanálise não é nem de esquerda, nem de direita, que fique claro que a saída feminista é à esquerda.

Na seara feminista, diante desse imbróglio que é o cuidado e a reprodução social, houve também uma espécie de cisão entre os estudos de gênero e os estudos sobre família e parentesco, bem como uma cisão entre os estudos sobre sexualidade e os estudos centrados na diferença sexual.

Entre as feministas e os teóricos queer que se encarregaram em questionar e desconstruir o gênero, houve poucos que se debruçaram sobre a questão da infância e reprodução. Podemos citar Rubin em seu texto *Tráfico de mulheres: notas sobre a "economia política" do sexo*, em que a autora analisa o sistema sexo-gênero e como este se dá de modo particularizado em diferentes culturas, e Butler, no artigo "O parentesco é sempre tido como heterossexual?", em que a autora questiona a comunidade psicanalítica francesa que se opôs ao casamento de pessoas do mesmo sexo sob o argumento imaginário e conservador de que isso acarretaria em prejuízo para as criancinhas – entenda-se aqui por prejuízo, psicose.

Contudo, pouco se fala sobre a reprodução sexuada dos corpos no interior de famílias ou parcerias, ou da experiência de corpo do gestar, amamentar, cuidar, etc. Os estudos de gênero precisam também se debruçar sob os estudos de geracionais para avançar a discussão.[308] De outro modo, o corpo com vagina, capaz de gestar, é convocado como materialidade insuperável por vertentes conservadoras, dentro e fora do feminismo.

A feminista italiana Federici, por exemplo, nomeia as mulheres, e aqui são as mulheres com vagina, como aquelas que seriam, na cultura, as cuidadoras primárias e as mais interessadas pela questão ecológica, dado o seu papel especial na reprodução. Ou seja, a Mãe se vê novamente confundida com a Mulher e até mesmo com a Natureza nessa perspectiva que, se se difere da de Freud em método e propósito, é igual em sua origem.

No último capítulo, discutiu-se se aquilo que nomeamos como Mãe, o conjunto de experiências e expectativas de corpo que vão desde a gestação, o parir, a amamentação, o cuidar, o nomear, e o desejo, se todo esse guarda-chuva

---

[308] Iaconelli (2021).

seria tão ideológico, tão psicotizante e material a ponto de obliterar aquilo que há de sexual nos corpos e os indetermina. Se a Mãe apareceria diante o impasse de Freud e de Lacan em fornecer saídas para a feminilidade a partir do falo. Diante da inexistência da Mulher, convoca-se a Mãe para o casamento perfeito de Freud, que me parece também o casamento perfeito de Federici: o trisal Mulher, Mãe e Natureza.

Federici insiste que a coletivização dos trabalhos de cuidado e de reprodução social, que incluem o trabalho doméstico e de cuidado com idosos e enfermos, bem como com a alimentação, etc., seria tarefa das mulheres – com vagina. A questão que procurei trabalhar, contrapondo meu argumento com o de Federici, mas não só, também com o Hardt e Negri, e Alemán, é que a *Política do Feminino*, na medida em que ela desconstrói identidades, seria mais proveitosa quando pensada em relação ao cuidado.

Esta é uma política que faz objeção ao Universal dos seguintes modos: do não-todo como suplemento, e do não-todo como negação. Na primeira, há um uso estratégico e provisório das identidades, de acordo com as demandas em curso. Se dá na forma de políticas de assembleia e de coalizão, contingentes, horizontais e em rede. Nega-se o todo, mas se mantém referido a ele, logo, mantém-se referido às identidades sexuadas como uma astúcia capaz de redescrever a norma.

Já na política do não-todo como negação, nega-se o todo em sua totalidade. Não se trata mais de políticas de reconhecimento, de usos estratégicos e provisórios, mas de processos de desidentificação e de desontologização de modo a negar, também, a República. É a política que se dá através de uma multidão queer, e que busca romper com a norma.

Ainda que os cuidados primeiros que um sujeito recebe tenham lugar ímpar nos processos constitutivos e de subjetivação, isso implica que é preciso uma pessoa prestativa, e não que esse lugar social corresponda imediatamente à figura da mulher que gestou, pariu, e/ou adotou a criança.

De fato, não há como mecanizar essa tarefa: é preciso no mínimo de uma pessoa. É por haver uma centralidade do corpo na formação de outros corpos que se dá a confusão de se supor que o corpo que prestaria cuidados seria generificado. A tentativa genitalista de procurar construir uma identidade coletiva Mulher a partir desse suposto lugar na cultura de cuidadoras primárias é também uma forma de produzir diferenças no interior do feminismo. Faliciza-se a Mãe a fim de tapar o buraco deixado pela impossibilidade de dizer a Mulher.

Ou seja, essa falicização faz valer algo da lógica do proprietário, daquele que supõe ter, permanece operando em Federici, ainda que pela noção de que o sujeito *é um sexo que possui*, ou que é de um sexo porque tem, ou poderia ter, a experiência de corpo de gestar, parir, amamentar, ou ainda porque supõe "ter um filho" que lhe concede essa identidade coletiva.

O Comum se opõe à ideia de propriedade pois não se trata de uma propriedade coletiva, individual, pública ou privada, mas de uma outra forma de relação com o mundo, as coisas, os animais e as pessoas. Eis um ponto curioso em *comum* entre Hardt e Negri, Alemán e Federici: os sujeitos continuam tendo propriedades que os diferenciam entre si, continuam sendo pensados a partir de seus atributos sexuais.

É a despossessão sexual que possibilita também outros entendimentos de si e formas de agência, na medida em que dissolve alguns lugares, reciprocidades e expectativas. Ainda que exista um lugar diferenciado, particularizado, de lida com o bebê e a criança no interior de uma comunidade reconhecida socialmente, este não precisa, necessariamente, recair na instituição casal, ou ser atribuição primeira daquela que é heterodesignada como mulher.

A natalidade é de interesse coletivo, e não de interesse individual. Que haja uma interdependência entre os corpos, não significa que isso deva recair em argumentos em prol da solidariedade e da colaboração, até porque não se trata de fundar novos mitos, histórias das origens, ou compreensões de natureza humana mais voltadas para uma perspectiva comunal. Não se trata de fazer do Comum uma outra forma de normatividade social e nem de descrevê-lo de modo pormenorizado, ou de recuperá-lo. Afinal, um mito ou tem força de ordenação, ou não. Forjar mitos,[309] ou acrescento aqui, escavar uma infinidade de pequenas mitologias que não organizam nossa sociedade, não produz efeitos.

Se me suponho *ser de um sexo que tenho*, isso se deve largamente aos efeitos ordenadores a níveis do imaginário e do simbólico que ainda vigoram na sociedade moderna e que produzem leituras de que *o trabalho é antes de tudo dividido por sexo* e que *o sexo é uma propriedade de distinção*.

Essa especiação dos corpos a partir de propriedades os surrupiam de sua potência. Uma vez classificados, os corpos são incitados a tornarem-se úteis às demandas do Estado. O que prova como a família, o Estado e a propriedade privada seguem relacionados. Para retomarmos nossas potencialidades fora desse cálculo utilitarista, as coordenadas com as quais nos servimos para reconhecermos nossa humanidade devem ser questionadas – e até jogadas fora.

Para viabilizar de fato um projeto Comum é necessário que ele se realize também *jogando o homem-bebê com a água do banho fora*. Para tanto, é preciso quebrar o conflito instaurado nas sociedades modernas de que ou você se realiza individualmente ou você não se realiza para garantir a coesão da família, e que foi responsável pela histeria como sintoma de época: desejar ser Outra coisa que só poderia ser alçada pelos homens.

---

[309] Bataille ([1957] 2013).

É crucial superar a cisão indivíduo *versus* família não para conciliá-los, mas para abrir outras formas de existência, de relacionalidade e de cuidado. Portanto, não se trata de pensar que o cuidado não tenha lugar nas parcerias amorosas e/ou sexuais, muito menos advogar por processos de maturação psíquica que ignoram que o infantil está presente no sexual – haja vista a sexualidade das crianças. Mas de quebrar com o suposto vetor em que as mulheres são as agentes de um cuidado do qual os homens se serviriam passivamente, para então poderem investir ativamente na cultura.

Vetor este que alude o quão devedora é nossa concepção generificada sobre o cuidado da racionalidade burguesa, forçosamente implantada na periferia do mundo enquanto verdade universal. Pedro Ambra[310] discorre em seu texto "Jogar fora o saber com a água do estranho" justamente para fazer uma crítica aos modelos eurocentrados de sujeito e de sociedades que herdamos, de forma violenta, nos processos de colonização. Afinal, ainda nos servimos de sua gramática e isso também informa o que é possível pensar. Contudo, não se trata de evitar anacronismos para salvaguardar "o lado bom" do Universal, e até mesmo da psicanálise.

Em uma pequena anedota, o autor relata como a expressão surge referida a uma talvez imaginada situação na Idade Média em que, dadas as dificuldades de se banhar em águas límpidas, passava-se na água do banho primeiro o patriarca para depois a mulher e filhos, conforme hierarquias de gênero e idade.

Ou seja, esse "não jogar fora" o bebê que se banhou em uma água imunda corresponde à ideia de salvar uma estrutura que produziu e produz violências: o patriarcalismo dentro da sociedade moderna.

Acrescido a isso, Ambra defende que seria necessário *perspectivar o cuidado*; perspectivar que esse bebê é cuidado

---

[310] Ambra (2022b).

por alguém que provavelmente tem gênero, tem raça, e que executa essa tarefa individualmente ou com uma rede de apoio terceirizada. Ou seja, ele propõe uma leitura sobre o Édipo a partir da coletivização do cuidado, e inclusive uma versão coletivizada do que se entende do Complexo Edipiano, atravessando-o também com outras perspectivas.

Não se trata aqui, no presente ensaio, de uma tentativa de recuperar perspectivas e representações de povos indígenas, originários ou de promover uma valoração nacional, ou uma identidade nacional, contrapondo o centro. Mas de dizer do privilégio epistêmico que a periferia possui em relação ao centro, que é o de criticar a ideologia francesa e a racionalidade sem cair no irracionalismo – mesmo que se sirva da ideologia e da racionalidade francesas.

A psicanálise, ainda que moderna, europeia, e após Lacan e seus contemporâneos, francesa, interessa como teoria e prática desestabilizadora da ideologia e da racionalidade, porque ela não se encontra centrada na ideia de particulares dentro de um Universal, mas, ao contrário, de singularidades não passíveis de serem totalizadas: "A psicanálise opera a partir do singular, daquilo que há de insubmisso no sujeito e é capaz de afrontar o universal em termos lógicos".[311]

Jogar o homem-bebê com a água do banho fora importaria não só para não replicar a estrutura e a lógica, mas a identidade que, assim como tudo no Capital, se baseia na propriedade: é preciso fazê-lo pela dessuposição de *ser de um sexo que tenho*. Fora do reino dos atributos, propriedades e particularidades que estão previstas em um Universal que exclui, para talvez incluir, haveria o quê? O Comum.

O Comum, enquanto coletivo de singulares, enquanto Universal aberto ou classe paradoxal, não pode se dar de forma totalizante. Comum que tanto não é o Universal, na

[311] Moreira (2022, p. 37).

medida em que ele se trata das singularidades – as quais se abrem nos acontecimentos, ocupações, assembleias, multidões e zonas autônomas temporárias.

Ou seja, não se trata de forjar um sujeito político ou de pensar estratégias de conscientização e em seguida de mobilização da massa trabalhadora que deverá se sacrificar no aqui e agora para uma grande revolução futura e vindoura – que talvez nunca virá. Muito menos de pensar em projetos pedagógicos para que os homens sejam mais empáticos em relação aos cuidados que poderiam dispensar a si e a outros. Mas de contrapor o que há de singular em cada sujeito com as identidades individualizantes que tanto interessam ao Estado.

Até porque, estressando esse ponto, há subjetividades que melhor servem aos propósitos do Estado. É útil para este que todos partilhem de uma visada sobre os corpos, os objetos e a natureza a partir das capacidades destes, em detrimento das potencialidades de existência para as diferentes formas de vida – incluindo o que é da ordem do inanimado.

Crer que os seres se oferecem para a própria exploração e dominação a partir de propriedades que podem ser inscritas nos corpos é algo tão arraigado quanto nossas concepções infantis de que "a vaca dá leite e carne". Nessa perspectiva, todos os bens que supostamente seriam Comuns podem ser usufruídos, primeiro pela figura abstrata do homem, e em seguida por aqueles que podem comprar mercadorias que foram monopolizadas nas mãos de alguns poucos homens – paradoxalmente abstratos e existentes.

Esse direito de proprietário reduz todas as coisas pelo critério de sua funcionalidade. A lógica fálica é aquela que predica, atribui, concentra-se nas particularidades dos objetos, os torna contábeis, passíveis de serem reunidos por critérios de decisão que promovem a exclusão.

Já aquilo que é da desordenação do sexual não é passível de ser predicado. Ou seja, enquanto a lógica fálica gira em torno da diferença sexual e das imaginarização e simbolização desta, a lógica feminina é aquela que faz furo e objeção às tentativas de homogeneização e mestria sobre os corpos. O sexual se liga ao Real de forma a impor um limite lógico às tentativas de apreender um sujeito – imaginarizá-lo e simbolizá-lo para assim o tomar como objeto.

Há uma afinidade entre o sexual, o Real, e o feminino a partir daquilo que na Mulher é tanto ausência no campo dos significantes quanto vazio de conteúdo dentro da ordenação fálica: "O feminino é aquele que não pode ser representado, que parte de sua indeterminação, para inventar um modo de existência singular".[312]

As Políticas do Feminino estariam mais próximas ao Comum não por solidariedade às particularidades, mas pela abertura ao campo do singular. A ação política comportaria um atravessamento do sujeito pelo feminino como inexistência, singularidade e desordem sexual. Esse atravessamento que despossui o sujeito das narrativas então acumuladas faz com que, na ação política, não haja sujeito que anteceda o ato e nem télos ordenador subsequente: *há ato porque os meios são os fins.*

A ação direta não é mediada pois vale por si porque importa que tenhamos "uma boa razão para nos levantarmos".[313] Na conduta ética anarquista, o presente não deve ser sacrificado. O que muito pode ser aproximado da ética da psicanálise, posto que não se trata aqui de listar um passo a passo de condições necessárias para formar um corpo político ou organizar uma mudança para a felicidade das futuras gerações.[314]

---

312 Moreira (2022, p. 135).

313 Bonnaro *apud* Jourdan (2022).

314 Afinal, como diz Lacan no *Seminário 7*, essa é uma ética comprometida com o devaneio burguês.

É neste ponto da ética do desejo que há algo da ambiguidade inerente à psicanálise enquanto objeto de estudo. Quando é possível declinar a questão do cuidado para aquilo que é constitutivo do caráter do sujeito e, logo em seguida, para a dialética do desejo. Passamos daquilo que é da ordem da moral, da situação de desamparo inicial que é formativa, de introjeção de uma Lei que libidiniza os corpos, para a ética da psicanálise, que não é outra coisa senão a ética do desejo.

Ainda que não seja viável o projeto de proliferação de formas de vida desejantes, em vez das desejáveis, como incita o Capital, é mister que os movimentos engajados em processos de transformação social por vidas menos esmagadas não busquem refundar novas gramáticas morais – engajando no delírio burguês.

Retirando a política, e até mesmo as utopias, das gramáticas morais do sacrifício e da concessão, e de um futuro longínquo, é possível dar espaço para que algo do desejo possa emergir no presente. Para *nutrir Comuns* no agora, a despossessão sexual e a deposição do poder contam, mesmo que de fato não sejam bem-sucedidas a ponto de pôr *tudo* abaixo, ou para todo o sempre – afinal, o todo não admite a falta, condição para o desejo.

Se a ética da psicanálise é do desejo, é no não-todo como suplemento que ela encontra sua política. Este, faz afronta ao todo, permitindo existências paradoxalmente não-todas, introduzindo uma desordem melhor condizente com a vida. Se o não-todo como negação soa muito radical para a psicanálise, ao negar e depor tudo, isso se dá pela primazia de sua clínica, em que o cuidado se faz presente na transferência e na escuta do analista.

Dito isto, ainda que a psicanálise se veja em relação com o não-todo feminino, e até mesmo com o cuidado, e importe muito nas elaborações deste livro enquanto um projeto que se serve da psicanálise e a tensiona sem a intenção de fazer dela outra coisa, não se trata de fazer do cuidado, ou da coletivização do cuidado, uma tarefa das mulheres.

O entendimento dos corpos por atributos implica também em atribuições de tarefas. Enquanto Federici, ao advogar pela diferença sexual, passa do particular para o Universal, e não para o Comum; deseja-se trazer a Política do Feminino como objeção à identidade e à universalidade para que a Mulher não se torne confundida com a Mãe e com a Natureza.

Se Freud precipita em casar a Mulher com a Mãe e a Natureza, traçando destinos dentro da instituição que busca preservar, não há necessidade nem para as formas de relacionalidade, nem para o feminismo – e pasmem, nem para a psicanálise – em manter essa união, mesmo que para *fins* diferentes. Que diante do cuidado que nutrimos nos Comuns os *meios* valham por si, divorciados de um esquema de resposta-recompensa, mas junto do que possuem de vil, de despropósito e de prazeroso.

Referências

ALEMÁN, J. *Lacan, la política en cuestión: conversaciones, notas y textos*. Buenos Aires: Grama, 2010.

AMBRA, P. *O ser sexual e seus outros*. São Paulo: Blucher, 2022a.

AMBRA, P. Jogar fora o saber com a água do estranho. *Decolonização e Psicanálise*, n-1 edições, 2022b.

ARISTOFÁNES. *Lisístrata*. Tradução de Ana Maria César Pompeu. Introdução de Isabella Tardin Cardoso. São Paulo: Hedra, 2010.

ARRUZZA, C.; FRASER, N.; BHATTACHARYA, T. *Feminismo para os 99%: um manifesto*. São Paulo: Boitempo, 2019.

ASSIS, M. [1959]. Dom Casmurro. *In*: *Obra completa*. Rio de Janeiro: Nova Aguilar, 1997. (v. 1).

ASSIS, M. [1959]. Quincas Borba. *In*: *Obra completa*. Rio de Janeiro: Nova Aguilar, 1997. (v. 1).

BADIOU, A. *Em busca do real perdido*. Tradução de Fernando Scheibe. Belo Horizonte: Autêntica, 2017.

BARROS, D. Identidade não é sinônimo de identitarismo. *Revista Rosa*, n. 3, v. 5, p. 180-190, 2022. Resenha da obra: ROUDINESCO, E. *O eu soberano: ensaio sobre as derivas identitárias*. Tradução de Eliana Aguiar. Rio de Janeiro: Zahar, 2022a.

BARROS, D. *Hegel e o sentido do político*. São Paulo: Lavra Palavra, 2022b.

BATAILLE, G. [1957]. *O erotismo*. Tradução de Fernando Scheibe. Belo Horizonte: Autêntica, 2013.

BEAUVOIR, S. [1949]. *O segundo sexo*. Tradução de S. Milliet. Rio de Janeiro: Nova Fronteira, 2016.

BENTO, H. *O desejo de filho na adoção homoparental: uma perspectiva psicanalítica*. Rio de Janeiro: Grama, 2017.

BERNARDES, W. *A concepção freudiana do caráter*. 2005. Tese (Doutorado em Psicologia) – Programa de Pós-Graduação em Psicologia, Instituto de Psicologia, Universidade Federal do Rio de Janeiro, Rio de Janeiro, 2005. Disponível em: http://livros01.livrosgratis.com.br/cp023983.pdf. Acesso em: 30 jul. 2023.

BEY, Hakim. *TAZ: Zona Autônoma Temporária*. Tradução de Patrícia Decia e Renato Resende. [S.l.]: [s.n.], [s.d.]. (Copyleft: este livro não possui direitos autorais, podendo ser livremente distribuído, preservando-se o nome do autor.) Disponível em: https://bit.ly/3F2i4nh. Acesso em: 30 jul. 2023.

BOTTICI, C. *Anarchafeminism*. Nova York: Bloomsbury Academic, 2022.

BROWN, N.; SZEMAN, I. O que é a multidão? Questões para Michael Hardt e Antonio Negri. Tradução de Milton Ohata. *Revista Novos Estudos*, v. 75, jul. 2006. Disponível em: https://bit.ly/3PJfhUL. Acesso em: 30 jul. 2023.

BRUM, B. A mulher faz o homem e a fé inabalável no homem comum. *Revista Cine Café*. [S.d.].

BUTLER, J. [1990]. *Problemas de gênero: feminismo e subversão de identidade*. 3. ed. Tradução de R. Aguilar. Rio de Janeiro: Civilização Brasileira, 2010.

BUTLER, J. [1993]. Corpos que pesam: sobre os limites discursivos do sexo. *In*: LOURO, G. L. (Org.). *O corpo educado*. Tradução de Tomaz Tadeu. Belo Horizonte: Autêntica, 2001.

BUTLER, J. O parentesco é sempre tido como heterossexual? Tradução de V. A. Ponte. *Cadernos Pagu*, v. 21, p. 219-260, 2003a. Disponível em: https://bit.ly/3Q1zIxw. Acesso em: 29 jul. 2023.

BUTLER, J. *Antigone: la parenté entre vie et mort*. Traduction Guy Le Gaufey. Paris: Epel, 2003b.

BUTLER, J. [2015]. *Corpos em aliança e a política das ruas: Notas para uma teoria performativa de assembleia*. Tradução de F. Minguens. 1. ed. Rio de Janeiro: Civilização Brasileira, 2018.

BUTLER, J. *Quadros de guerra*. Rio de Janeiro: Civilização Brasileira, 2018.

BYUNG, C. H. *Agonia do Eros*. São Paulo: Vozes, 2017.

CATALANI, F. A barbárie e os bárbaros. *A terra é redonda*, 21 set. 2021. Disponível em: https://bit.ly/3LPJe4x. Acesso em: 30 jul. 2023.

CHOMSKY, N. *Notas sobre anarquismo*. São Paulo: Hedra, 2015.

CORRÊA, M. A babá de Freud e outras babás. *Cadernos Pagu*, Campinas, n. 29, p. 61-90, 2007.

CRIMETHINC. *Da democracia à liberdade: a diferença entre governo e autodeterminação*. Salem: [s.n.], 2017.

CURSO: Feminismo e democracia, com Flávia Biroli. [S.l.]: [s.n.], 2018. 1 vídeo (3 min. e 35 seg.). Publicado pelo canal TV Boitempo. Disponível em: https://bit.ly/3F2CgVM. Acesso em: 25 jul. 2023.

DEIAB, R. A memória afetiva da escravidão. *Revista de História da Biblioteca Nacional*, 2005.

DEMETRI, F. *Judith Butler: filósofa da vulnerabilidade*. [S.l.]: Devires, 2018.

DUNKER, C. *Reinvenção da intimidade: políticas do sofrimento cotidiano*. São Paulo: Ubu, 2017.

EMICIDA: AmarElo – É tudo pra ontem. Documentário. Produção por Netflix em parceria com Laboratório Fantasma. Direção de Fred Ouro Preto, montagem por Fernando Faria Freitas. Duração: 1h 29 min. 2020.

ENGELS, F. [1891]. *A origem da família, da propriedade privada e do estado*. São Paulo: Boitempo, 2019.

ENVY. [S.l.]: [s.n.], 2021. 1 vídeo (1h 48 min. e 15 seg.). Publicado pelo canal ContraPoints. Disponível em: https://bit.ly/3rJdbfy. Acesso em: 29 jul. 2023.

FEDERICI, S. *Calibã e a Bruxa: mulheres, corpo e acumulação primitiva.* Tradução de Coletivo Sycorax. São Paulo: Elefante, 2017.

FEDERICI, S. *O ponto zero da revolução: trabalho doméstico, reprodução e luta feminista.* Tradução de Coletivo Sycorax. São Paulo: Elefante, 2019.

FINS DO SEXO: como fazer política sem identidade. (Live de lançamento do livro). [S.l.]: [s.n.], 2022. 1 vídeo (52 min. e 41 seg.). Publicado pelo canal Autonomia Literária. Disponível em: https://www.youtube.com/ watch?v=HbaDqniwB8g&t=2750s. Acesso em: 30 jul. 2023.

FISHER, M. *Realismo capitalista: é mais fácil imaginar o fim do mundo do que o fim do capitalismo?* São Paulo: Autonomia Literária, 2020.

FISHER, M. *Fantasmas da minha vida: escritos sobre depressão, assombrologia e futuros perdidos.* São Paulo: Autonomia Literária, 2022.

FOUCAULT, M. [1976-1984]. *História da sexualidade I: A vontade de saber.* Tradução de M. T. C. Albuquerque; J. A. G. Albuquerque. Rio de Janeiro: Graal, 1988.

FREUD, S. [1893-1895]. *Estudos sobre a histeria.* Tradução de J. Salomão. Rio de Janeiro: Imago, 1996. (Edição standard brasileira das obras completas de Sigmund Freud, v. II).

FREUD, S. [1895]. *Projeto para uma psicologia científica.* Rio de Janeiro: Imago, 1996. (Edição standard brasileira das obras psicológicas completas de Sigmund Freud, v. I).

FREUD, S. [1905]. *Os chistes e sua relação com o inconsciente.* Rio de Janeiro: Imago, 1996. (Edição standard brasileira das obras psicológicas de Sigmund Freud, v. VIII).

FREUD, S. [1905]. O caso Dora. *In*: *Histórias clínicas.* Belo Horizonte: Autêntica, 2021. (Obras Incompletas de Sigmund Freud).

FREUD, S. [1910-1918]. Contribuições para a psicologia da vida amorosa. *In*: *Amor, sexualidade, feminilidade.* Belo Horizonte: Autêntica, 2019. (Obras Incompletas de Sigmund Freud).

FREUD, S. [1912-2018]. Sobre a mais geral degradação da vida amorosa. *In*: *Amor, sexualidade, feminilidade*. Belo Horizonte: Autêntica, 2019. (Obras Incompletas de Sigmund Freud).

FREUD, S. [1913]. O tema dos três escrínios. *In*: *O caso Schreber, artigos sobre técnica e outros trabalhos (1911-1913)*. Rio de Janeiro: Imago, 1996. (Edição standard brasileira das obras psicológicas completas de Sigmund Freud, v. XII).

FREUD, S. [1914a]. Sobre o narcisismo: uma introdução. *In*: *A história do movimento psicanalítico, artigos sobre a metapsicologia e outros trabalhos (1914-1916)*. Tradução de J. Salomão. Rio de Janeiro: Imago, 1996. (Edição standard brasileira das obras psicológicas completas de Sigmund Freud, v. XIV).

FREUD, S. [1914b]. A história do movimento psicanalítico. *In*: *A história do movimento psicanalítico, artigos sobre a metapsicologia e outros trabalhos (1914-1916)*. Rio de Janeiro, Imago, 1996. (Edição standard das obras psicológicas completas de Sigmund Freud, v. XIV).

FREUD, S. [1915-1917]. Luto e melancolia. *In*: *Neurose, psicose, perversão*. Belo Horizonte: Autêntica, 2017. (Obras Incompletas de Sigmund Freud).

FREUD, S. [1921]. Psicologia das massas e análise do Eu. *In*: *Cultura, Sociedade, Religião: o mal-estar na cultura e outros escritos*. Belo Horizonte: Autêntica, 2020. (Obras Incompletas de Sigmund Freud).

FREUD, S. [1922]. A cabeça da medusa. *In*: *Além do princípio do prazer, psicologia de grupo e outros trabalhos (1920-1922)*. Rio de Janeiro: Imago, 1996. (Edição Standard brasileira das obras psicológicas completas de Sigmund Freud, v. XVIII).

FREUD, S. [1923-1925]. *O ego e o id e outros trabalhos*. Tradução de J. Salomão. Rio de Janeiro: Imago, 1996. (Edição standard brasileira das obras psicológicas completas de Sigmund Freud, v. XIX).

FREUD, S. [1925]. Algumas consequências psíquicas da distinção anatômica entre os sexos. *In*: *Amor, sexualidade, feminilidade*. Belo Horizonte: Autêntica, 2018. (Obras Incompletas de Sigmund Freud).

FREUD, S. [1926]. Inibição, Sintoma e angústia. *In*: *Obras completas*. São Paulo: Companhia das Letras, 2014. (v. 17).

FREUD, S. [1930]. O mal-estar na civilização. *In*: *Cultura, Sociedade, Religião: o mal-estar na cultura e outros escritos*. Belo Horizonte: Autêntica, 2020. (Obras Incompletas de Sigmund Freud).

FREUD, S. [1933]. Feminilidade. *In*: *Amor, sexualidade, feminilidade*. Belo Horizonte: Autêntica, 2018. (Obras Incompletas de Sigmund Freud).

FREUD, Sigmund. *Correspondência de amor e outras cartas (1873-1939)*. Edição de E. Freud. Tradução de Agenor Soares dos Santos. Rio de Janeiro: Nova Fronteira, 1982.

FUENTES, M. *As mulheres e seus nomes: Lacan e o feminino*. Belo Horizonte: Scriptum, 2012.

GARRAFA, T. Primeiros tempos da parentalidade. *In*: TEPERMAN, D.; GARRAFA, T; IACONELLI, V. *Parentalidade*. Belo Horizonte: Autêntica, 2020.

GIACOIA JR., O. Nietzsche e o feminino. *Natureza humana*, São Paulo, v. 4, n. 1, p. 9-31, jun. 2002. Disponível em: https://bit.ly/3LNQ2iU. Acesso em: 29 jul. 2023.

GOLDMAN, W. *Mulher, Estado e Revolução: política familiar e vida social soviéticas, 1917-1936*. São Paulo: Boitempo, 2014.

GONZALEZ, L. Racismo e sexismo na cultura brasileira. *In*: SILVA, L. A. *et al.* Movimentos sociais urbanos, minorias e outros estudos. *Ciências Sociais Hoje*, Brasília, ANPOCS, n. 2, p. 223-244, 1983.

GROSS, O. *Por uma psicanálise revolucionária: ensaios*. Organização de M. Checchia; P. S. Souza Jr.; R. A. Lima. Tradução de P. S. Souza Jr. São Paulo: Annablume, 2017.

HARAWAY, D.; KUNZRU, H. *Antropologia do ciborgue: as vertigens do pós-humano*. Organização e tradução de Tomaz Tadeu. 2. ed. Belo Horizonte: Autêntica, 2009. (Coleção Mimo).

HARDT, M.; NEGRI, A. *Declaração: isso não é um manifesto.* São Paulo: n-1 edições, 2014.

HARDT, M.; NEGRI, A. *Bem-estar comum.* Tradução de Clóvis Marques. Rio de Janeiro: Record, 2016.

HEIDEGGER, M. *Ser e tempo.* São Paulo: Vozes, 2006.

hooks, b. *Teoria feminista: da margem ao centro.* Tradução de Rainer Patriota. São Paulo: Perspectiva, 2019.

IACONELLI, V. Maternidade e erotismo na modernidade: assepsia do impensável na cena de parto. *Revista Percurso*, n. 34, 2005. Disponível em: https://bit.ly/3ZQ8qxt. Acesso em: 30 jul. 2023.

IACONELLI, V. *Mal-estar na maternidade: do infanticídio à função materna.* 2012. Tese (Doutorado em Psicologia) – Instituto de Psicologia, Universidade de São Paulo, São Paulo, 2012. Disponível em: https://bit.ly/45iHPtV. Acesso em: 24 jul. 2023.

IACONELLI, V. *Cartel Mãe.* Instituto Gerar, 2021. (Comunicação pessoal).

JANAINA PASCHOAL critica projeto que prioriza mães solo: "Incentivo a não se formarem famílias". *Carta Capital*, 09 mar. 2022. Disponível em: https://bit.ly/48A7z8h. Acesso em: 30 jul. 2023.

JOURDAN, C. A falência da representação: o espetáculo, a exceção e a revolta. *Revista Ananke*, v. 1, p. 1-18, 2019. Disponível em: A FALÊNCIA DA REPRESENTAÇÃO O Espetáculo, a https://bit.ly/3Q1OvbF. Acesso em: 30 jul. 2023.

JOURDAN, C. Anarquismo e falência da representação. *In*: FERREIRA. M. C. *et al. Anarquia e anarquismos: práticas de liberdade entre histórias de vida (Brasil/Portugal).* Rio de Janeiro: Nau, 2021.

JOURDAN, C. Pós-anarquismo e falências da representação. Prefácio de Saul Newman. *Sobinfluência*, 03 maio 2022. Disponível em: https://www.sobinfluencia.com/post/pós-anarquismo-e-falências-da-representação. Acesso em: 30 jul. 2023.

KEHL, M. R. *Ressentimento*. São Paulo: Casapsi, 2004.

KEHL, M. R. [1998]. *Deslocamentos do feminino*. Rio de Janeiro: Imago, 2007.

KEHL, M. R. *Bovarismo brasileiro.* São Paulo: Boitempo, 2018.

KOLONTAI, A. *A nova mulher e a moral sexual.* 2. ed. São Paulo: Expressão Popular, 2011.

LACAN, J. [1958]. A significação do falo. *In*: *Escritos*. Tradução de V. Ribeiro. Rio de Janeiro: Zahar, 1998.

LACAN, J. [1959-1960]. *O seminário, livro 7: a ética da psicanálise*. Tradução de A. Quinet. Rio de Janeiro: Zahar, 2008.

LACAN, J. [1964]. *O seminário, livro 11: os quatro conceitos fundamentais da psicanálise*. Tradução de M. D. Magno. Rio de Janeiro: Zahar, 2008.

LACAN, J. [1969]. Nota sobre a criança. *In*: *Outros escritos.* Rio de Janeiro: Zahar, 2003.

LACAN, J. [1970]. Radiofonia. *In*: *Outros escritos*. Rio de Janeiro: Zahar, 2003.

LACAN, J. [1969-1970]. *O seminário, livro 17: o avesso da psicanálise*. Tradução de Ari Roitman. Rio de Janeiro: Zahar, 2007.

LACAN, J. [1971]. *O seminário, livro 18: de um discurso que não fosse semblante*. Tradução de V. Ribeiro. Rio de Janeiro: Zahar, 2009.

LACAN, J. [1972-1973]. *O seminário, livro 20: mais, ainda.* Tradução de M. D. Magno. Rio de Janeiro: Zahar, 2008.

LAIA, S. *A adoção por pessoas homossexuais e em casamentos homoafetivos: uma perspectiva psicanalítica*. Brasília: Conselho Federal de Psicologia, 2008. (Cartilha).

LAPLANCHE, J. [1984]. Traumatisme, traduction, transfert et autres trans(es). *In*: *La révolution copernicienne inachevée*. Paris: Aubier, 1992.

LAURENT, E. O analista cidadão. *Revista Curinga*, Belo Horizonte, EBP-Minas, n. 13, 1999.

LEGUIL, C. Sur le genre des femmes selon Lacan: La sexualité féminine par-delà les normes. *In*: LEGUIL, C. *et al. Subversion lacanienne des théories du genre*. Paris: Michèle, 2015.

LEGUIL, C.; FAJNWAKS, F. *Subversion lacanienne des théories du genre*. Paris: Michèle, 2015.

LÊNIN, V. *Esquerdismo, doença infantil do comunismo*. São Paulo: Símbolo, 1978.

LÊNIN, V. *Que fazer? Problemas candentes do nosso movimento*. Tradução de Marcelo Braz. São Paulo: Expressão Popular, 2010.

LESSA, S.; TONET, I. *Introdução à filosofia de Marx*. 2. ed. São Paulo: Expressão Popular, 2011.

LIMA, V. M. *Homens em análise: destinos do falo e travessias da virilidade na psicanálise lacaniana*. 2022. Dissertação (Mestrado em Psicologia) – Programa de Pós-Graduação em Psicologia, Faculdade de Filosofia e Ciências Humanas, Universidade Federal de Minas Gerais, Belo Horizonte, 2022. Disponível em: https://bit.ly/46DLVhg. Acesso em: 30 jul. 2023.

LIMA, V.; BELO, F. As mulheres de Nietzsche e Freud: uma leitura laplancheana. *Natureza humana*, São Paulo, v. 19, n. 1, p. 128-148, jul. 2017. Disponível em: https://bit.ly/46GtZD3. Acesso em: 30 jul. 2023.

MÁRQUEZ, G. G. *Cem anos de solidão*. Tradução de Eric Nepomuceno. São Paulo: Record, 2017.

MARX, K. *Sobre o suicídio*. São Paulo: Boitempo, 2006.

MARX, K. *Crítica ao programa de Gotha*. São Paulo: Boitempo, 2012.

MARX, K.; ENGELS, F. [1890]. *Manifesto do partido comunista*. 1. ed. São Paulo: Expressão Popular, 2008.

MATOS, A. *A an-arquia que vem: fragmentos de um dicionário de política radical*. São Paulo: Sobinfluencia, 2022.

MELLO, L. S. *O cuidado em Heidegger*. [S.l.]: [s.n.], 2015. Disponível em: https://bit.ly/3tqyYsR. Acesso em: 30 jul. 2023.

MILLER, J-A. A teoria do parceiro. *In*: *Os circuitos do desejo na vida e na análise*. Rio de Janeiro: Contra Capa, 1997.

MILLER, J.-A. *Efeitos terapêuticos rápidos em psicanálise: conversação clínica com Jacques-Alain Miller em Barcelona*. Belo Horizonte: Escola Brasileira de Psicanálise; Scriptum, 2008.

MILLER, J.-A. Mulheres e os semblantes. *In*: CALDAS, H.; MURTA, A.; MURTA, C. (Orgs.). *O feminino que acontece no corpo*. Belo Horizonte: Scriptum, 2010a.

MILLER, J.-A. Uma conversa sobre o amor. *Opção lacaniana*, n. 2, 2010b.

MILLER, J.-A. A salvação pelos dejetos. *Correio, Revista da Escola Brasileira de Psicanálise*, São Paulo, n. 67, p. 19-26, 2010c.

MILLER, J.-A. Uma partilha sexual. *Opção Lacaniana*, v. 7, n. 20, jul. 2016. Disponível em: https://bit.ly/48JA17t. Acesso em: 30 jul. 2023.

MILLER, J.-A. Lacan aurait reconnu en Melenchon une canaille. *Le Point*, 09 jun. 2022.

MOREIRA, J. O. *et al.* A concepção de subjetividade em Levinas: da solidão da hipóstase ao encontro com a alteridade. *Educação e Filosofia*, v. 24, n. 47, p. 55-72, jan./jun. 2010. Disponível em: https://bit.ly/3LNHnx6. Acesso em: 29 jul. 2023.

MOREIRA, M. M. *O feminismo é feminino? A inexistência da mulher e a subversão da identidade*. São Paulo: Annablume, 2019.

MOREIRA, M. M. As mulheres, suas vozes e o indizível da Mulher. *Revista Cult*, n. 270, 02 jun. 2021.

MOREIRA, M. M. *Fins do sexo: como fazer política sem identidade*. São Paulo: Autonomia Literária, 2022.

MORGANTE, M; NADER, M. O patriarcado nos estudos feministas: um debate teórico. *In*: ENCONTRO REGIONAL DE HISTÓRIA – ANPUH-RIO: SABERES E PRÁTICAS CIENTÍFICAS, XVI, 2014, Rio de Janeiro. *Anais* [...]. Disponível em: https://bit.ly/45hX2vs. Acesso em: 27 jul. 2023.

MOSCHKOVICH, M. [1891]. Posfácio. *In*: ENGELS, F. *A origem da família, da propriedade privada e do estado*. São Paulo: Boitempo, 2019.

MOSCHKOVICH, M. *A política da Mãe*. Curso de curta duração, Instituto Gerar, 2021.

MOSCHKOVICH, M. *Ebisteme: bissexualidade como epistemologia*. São Paulo: Linha a linha, 2022.

MULHER DE MORO faz foto de mesa posta para jantar: "Sorry, feministas". *Uol*, 24 ago. 2019. Disponível em: https://bit.ly/45ipAoD. Acesso em: 30 jul. 2023.

NAN GOLDIN: The Ballad of Sexual Dependency. [S.l.]: [s.n.], 06 dez. 2013. 1 vídeo (10 min. e 30 seg.). Publicado pelo canal The Museum of Contemporary Art. Disponível em: https://bit.ly/3F3oIJJ. Acesso em: 28 jul. 2023.

ORTNER, S. Está a mulher para o homem assim como a natureza para a cultura? *In*: ROSALSO, M; LAMPHERE, L. (Orgs.). *A mulher, a cultura e a sociedade*. Rio de Janeiro: Paz e Terra, 1979.

PATEMAN, C. *O contrato sexual*. Rio de Janeiro: Paz e Terra, 1993.

PRECIADO, P. B. [2003]. Multidões queer: notas para uma política dos "anormais". Tradução de C. Z. Munchow e V. T. Silveira. *Estudos feministas*, Florianópolis, v. 19, n. 1, p. 11-20, jan./abr. 2011. Disponível em: https://bit.ly/3Q5KnaK. Acesso em: 30 jul. 2023.

PRECIADO, P. B. Eu sou o monstro que vos fala. *Medium*, 2019. Tradução em andamento por Sara Wagner York da obra: PRECIADO, P. B. *Je suis un monstre qui vous parle: rapport pour une academie de psychanalystes*. Paris: Grasset, 2020. Disponível em: https://bit.ly/3RH5FfX. Acesso em: 30 jul. 2023.

RANCIÈRE, J. [1996]. *O desentendimento: política e filosofia*. Tradução de Ângela Leite Lopes. São Paulo: Editora 34, 2018.

RATTON, C. M. *Retratos infamiliares: o que verte da Balada de Nan Goldin?* 2021. Dissertação (Mestrado em Psicologia) – Programa de Pós-Graduação em Psicologia, Pontifícia Universidade

Católica de Minas Gerais, Belo Horizonte, 2021. Disponível em: https://bit.ly/3Mc1qph. Acesso em: 28 jul. 2023.

RIBEIRO, D. [1987]. *Maíra: um romance de índios e da Amazônia*. Rio de Janeiro: Record, 2007.

RIVIERE, J.; CARVALHO, A. C.; CARVALHO, E. A feminilidade como máscara. *Psychê*, São Paulo, v. 9, n. 16, p. 13-24, dez. 2005. Disponível em: https://bit.ly/46gfupH. Acesso em: 04 jul. 2022.

ROSA, M. *Por onde andarão as histéricas de outrora?* Belo Horizonte: Autêntica, 2019.

ROUSSEAU, J. J. *Confissões*. Tradução de Fernando Lopes Graça. Lisboa: Portugália, 1968.

RUBIN, G. [1975]. *O tráfico de mulheres: notas sobre a "economia política" do sexo*. Recife: S.O.S. Corpo, 1993.

SAFATLE, V. Introdução. *In*: *Grande Hotel Abismo: por uma reconstrução da teoria do reconhecimento*. São Paulo: WMF Martins Fontes, 2012.

SAFATLE, V. *O circuito dos afetos: corpos políticos, desamparo e o fim do indivíduo*. São Paulo: Cosac Naify, 2015.

SAFATLE, V. *Quando as ruas queimam: manifesto pela emergência*. São Paulo: n-1 edições, 2016.

SAFATLE, V. *Só mais um esforço*. São Paulo: Três Estrelas, 2017.

SAFATLE, V. *Dar corpo ao impossível: o sentido da dialética a partir de Theodor Adorno*. Belo Horizonte: Autêntica, 2019a.

SAFATLE, V. Crítica da autonomia: liberdade como heteronomia sem servidão. *Discurso*, v. 49, p. 21-41, 2019b.

SAFATLE, V.; SILVA JR., N.; DUNKER, C. (Orgs.). *Neoliberalismo como gestão do sofrimento psíquico*. Belo Horizonte: Autêntica, 2020.

SANTIAGO, J. Efeito-Charlie e a política do não-todo. *Portal Minas com Lacan*, 13 fev. 2015. Disponível em: http://minascomlacan.com.br/blog/efeito-charlie-e-a-poli-tica-do--nao-todo/. Acesso em: 05 maio 2015.

SANTOS, N. *Tornar-se negro: as vicissitudes da identidade do negro brasileiro em ascensão social.* Rio de Janeiro: Graal, 1983.

SCHWARZ, R. [1990]. *Um mestre na periferia do capitalismo: Machado de Assis.* São Paulo: Editora 34, 2000.

SCOTT, J. Gênero: uma categoria útil para a análise histórica [1995]. *Educação & Realidade*, v. 20, n. 2, p. 71-99, 2017. Disponível em: https://seer.ufrgs.br/index.php/educacaoerealidade/article/view/71721.

SCOTT, J. W. [1995]. O enigma da igualdade. *Revista Estudos Feministas*, v. 13, n. 1, p. 11-30, abr. 2005. Disponível em: https://bit.ly/45gPdWY. Acesso em: 30 jul. 2023.

SOLER, C. *O que Lacan dizia das mulheres.* Rio de Janeiro: Zahar, 2005.

SONTAG, S. *Sobre fotografia.* São Paulo: Companhia das Letras, 2004.

VALAS, P. Jacques Lacan, RSI 1974-1975. [S.l.]: [s.n.], 11 maio 2014. Transcrição da obra: LACAN, J. *Le seminaire, livre XXII: RSI (1974-1975).* Seminário inédito.

VAN HAUTE, P.; GEYSKENS, T. *Psicanálise sem Édipo? Uma antropologia clínica da histeria em Freud e Lacan.* Tradução de Mariana Pimentel. Belo Horizonte: Autêntica, 2016. (Coleção Filô Margens).

Este livro foi composto com tipografia Adobe Garamond Pro e
impresso em papel Off-White 70 g/m² na Formato Artes Gráficas.